うまくいく 相続手続のすすめ方

法律手続と納税手続

税理士法人タックス・アイズ
公認会計士・税理士
社会保険労務士　五十嵐 明彦
公認会計士　徳光 啓子　［著］
公認会計士　国吉 大陸

税務経理協会

はじめに

　相続の手続は，人生で何度も経験するようなものではありませんが，誰でも経験する可能性があります。たとえば父親が亡くなり，死亡届を提出，葬儀をすませて，お墓の手配をして・・・，それが落ち着くと今度は財産の相続や事務手続をしなければなりません。そんなときに，「何から手をつけていいのかわからない」，「知り合いが相続でトラブルになっていて，我が家は大丈夫か不安」など，相続の手続方法やトラブル防止対策についてわからないことが多々出てくると思います。慣れない手続をスムーズに進めるのはとても難しいですし，思いもよらないところで手続に時間がかかることもありますので，できるだけ早めに手続を進めていくことが大切です。

　また，平成27年1月1日からの相続税の改正により，相続税の増税時代を迎えています。国税庁から公表されている平成27年の相続税申告状況の結果によると，平成27年中に亡くなった約129万人のうち，相続税の課税対象となる財産を残した人は約10万3,000人と，全体の8％となりました。つまり，100人中8人が相続税の申告をする必要があったということです。

　相続税の改正による増税は，単に相続税の税率が引き上げられただけではありません。相続税には基礎控除という仕組みがあり，たとえ財産を相続しても，基礎控除の金額の範囲内であれば相続税が発生せず，申告も不要となります。この基礎控除の金額が改正により減額されました。従来，基礎控除の金額は「5,000万円＋1,000万円×相続人数」だったのに対し，現在は「3,000万円＋600万円×相続人数」となりました。基礎控除の金額が減り，従来は相続税に無縁だった世帯でも，相続税が課税される可能性が高まっています。相続税は，もはや決して他人ごとではないということです。

　相続の手続は，大きく2つに分類することができます。①「期限が定められており，その期間内において必ずしなければならない事項」と，②「期限の定めはないがしなければならない事項」の2つです。特に，①の事項については，仮に期限を過ぎてしまうと，せっかく苦労して進めた手続が無効となったり，

税金の優遇措置を受けることができなくなったり，税金のペナルティが発生するなど，不利益を被る可能性がありますので，事前に手続の流れを確認することが大事なポイントとなります。

　本書は，まず相続の仕組みや手続の流れなど，基本的な相続の内容を説明しています。次に，遺言書があるケースと遺言書がないケースを想定して，それぞれの手続を説明した内容となっています。さらに，財産を誰にいくら分けるかを決める手続や，決まらなかった場合の手段，財産別の具体的な相続手続方法など，相続手続の基本的なテーマを盛り込んだ形となっています。そして最終的には，相続税の申告手続について，申告方法から財産の評価方法，相続税の計算の際に利用できる特例，相続税の納付方法にまで触れ，相続手続を網羅的に理解することができるようにしました。

　本書は，相続の手続が必要となる方はもちろんのこと，これから相続が発生するかもしれない方，相続が発生するのはまだ先でも準備をしておきたい方などを対象に，もっとも基本的な相続の手続を記載した本となっています。

　本書を読んで，みなさんが相続の手続について知識と理解を身につけて，相続手続の際の一助となっていただければ幸いです。

＊　なお，執筆後に相続分野の規定を見直す改正民法などが国会で成立いたしました。
　主な点は，①配偶者を保護する制度，②介護や看護をした人に報いる制度，③法務局が遺言の保管をする制度です。
　これらの制度は，2020年7月までに順次施行されます。

平成30年7月吉日

税理士法人タックス・アイズ
著者一同

目　　次

はじめに

第1章　相続発生後の手続

1-1　相続が発生したらやるべきこと …………………… 2
　　1　相続発生後の手続スケジュール ……………………… 3
　　2　相　続　と　は ………………………………………… 5
　　3　相続が発生したら，まずすべき2つのこと ………… 7
　　　　遺言書の調査／財産の調査

1-2　相続手続の流れ ……………………………………… 9
　　1　必ず必要となる手続 …………………………………… 9
　　　　相続人の確定／遺言書の有無の確認／遺産分割協議及び遺産
　　　　分割協議書の作成／相続財産の名義変更の手続
　　2　該当がある場合に必要となる手続 …………………… 11
　　　　相続放棄，限定承認の申述／準確定申告書の提出／相続税の
　　　　申告と納付

第2章　遺言書が見つかった場合

2-1　財産を引き継ぐ方法は3つある ……………………… 16
　　1　遺　言（遺贈） ………………………………………… 17
　　2　死　因　贈　与 ………………………………………… 19
　　3　生　前　贈　与 ………………………………………… 21
　　4　それぞれのメリット，デメリット …………………… 22

2-2　遺言書とは …………………………………………… 25
　　1　遺言書を作るときのポイント ………………………… 26
　　　　日付を書く／氏名を書く／押印する／字句の加除・訂正が必
　　　　要な場合／用紙，様式は決まっている？／「誰に」，「何を」
　　　　相続させるかということを特定する／遺言執行者を書く

1

	2 遺言書の内容を変えたいとき	29
	3 遺言書が2つ存在する場合はどうする	30
	4 遺言書には気持ちを添える	31

2-3　遺言書の種類は3つある　……………………………… 32
　　1　自筆証書遺言 …………………………………………… 32
　　2　公正証書遺言 …………………………………………… 33
　　3　秘密証書遺言 …………………………………………… 35
　　4　それぞれのメリット・デメリット …………………… 35
　　5　揉めないために必要なこと …………………………… 37

2-4　遺言書を見つけたらどうする　………………………… 39
　　1　検認の手続が必要 ……………………………………… 40
　　2　検認の手続と注意点 …………………………………… 41
　　3　検認申立書はこうやって書く ………………………… 41
　　4　遺言執行者 ……………………………………………… 44

2-5　遺　留　分　………………………………………………… 46
　　1　遺　留　分 ……………………………………………… 46
　　2　遺留分は誰が主張できるか …………………………… 47
　　3　遺留分の主張はどうやってする？ …………………… 47
　　　　権利主張はそれぞれの権利者が行う／権利の行使期限は1年
　　　　以内／遺留分減殺請求のしかた
　　4　遺留分の計算はどうやってする？ …………………… 52
　　5　遺留分の放棄 …………………………………………… 53

第3章　遺言書が見つからなかった場合
　　　　　（遺産分割協議）

3-1　遺産分割協議　……………………………………………… 58
　　1　遺産は誰がもらえるのか ……………………………… 58

2　相続人でも相続人になれない場合 …………………………… 60
　　　　相続欠格／相続人の廃除
　　3　相続人が未成年の場合 ………………………………………… 62
　　4　相続人が行方不明になっている場合 ………………………… 63
　　5　遺産分割協議とは ……………………………………………… 65
　　6　遺産分割の方法 ………………………………………………… 66
　　　　現物分割／代償分割／換価分割／共有分割

3-2　戸籍謄本を集める …………………………………………… 69
　　1　戸籍謄本の集め方 ……………………………………………… 69
　　2　戸籍謄本の見方 ………………………………………………… 71
　　3　相続関係説明図 ………………………………………………… 73
　　4　法定相続情報証明制度 ………………………………………… 73
　　　　必要書類の収集／法定相続情報一覧図の作成／申出書の記入，
　　　　登記所への提出

3-3　相続財産を確定する …………………………………………… 78
　　1　相続財産はプラスだけでなくマイナスもある ……………… 80
　　2　生命保険や退職金は相続財産になるか ……………………… 81
　　　　生命保険金／退職金
　　3　名義の違う財産はどうなる？ ………………………………… 83

3-4　相続の方法は3つある ………………………………………… 84
　　1　単純承認 ………………………………………………………… 85
　　　　相続人が相続財産の全部又は一部を処分したとき／相続人が
　　　　限定承認又は相続放棄をした後でも，相続財産の全部又は一
　　　　部を隠匿し消費した場合や，意図的に財産目録にすべての財
　　　　産を記載しなかったとき
　　2　限定承認 ………………………………………………………… 86
　　　　限定承認の手続期限／誰が限定承認の手続をするのか／限定
　　　　承認手続の方法
　　3　相続放棄 ………………………………………………………… 90
　　　　相続放棄の手続期限／誰が相続放棄の手続をするのか／相続
　　　　放棄手続の方法

3-5　誰がどれだけの遺産がもらえるのか …………………… 92
1　話し合いがつけば，分割の割合は自由 ………………… 92
2　法定相続分 ……………………………………………… 93
3　養子や非嫡出子はどれだけもらえるのか ……………… 94
4　法定相続分の具体例 …………………………………… 95
相続人が配偶者と子ども3人の場合／相続人が配偶者と子どもと非嫡出子の場合／相続人が配偶者と親の場合／相続人が配偶者と兄弟姉妹の場合／相続人が配偶者と母を異にする兄弟姉妹の場合／相続人が子どもだけの場合

3-6　遺産分割の際の注意点 ………………………………… 99
1　寄　与　分 ……………………………………………… 99
2　寄与分がある場合の相続手続 ………………………… 101
3　特　別　受　益 ………………………………………… 102
4　特別受益がある場合の相続手続 ……………………… 103

第4章　遺産分割協議書の作成と相続手続

4-1　遺産分割協議書の作成 ………………………………… 106
1　遺産分割協議書 ………………………………………… 106
2　遺産分割協議書を作るときのポイント ……………… 106
3　遺産分割協議書の文例 ………………………………… 107
4　遺産分割協議書を作った後に財産が見つかった場合 … 111
5　遺産分割の対象となる資産，ならない資産 ………… 111

4-2　遺産分割協議で揉めないために ……………………… 113
1　遺産分割協議は難しい ………………………………… 114
2　揉める原因はここにある ……………………………… 115
3　寄与分や特別受益で揉めることが多い ……………… 116

4-3　遺産分割協議がまとまらなかったとき ……………… 117
1　遺産分割調停 …………………………………………… 117

	2	調停の特徴 ………………………………………………… 118

    2 調停の特徴 ………………………………………………… 118
    3 調停のメリット，デメリット ……………………………… 118
    4 調停の申立方法 …………………………………………… 119
    5 申立の必要書類と費用 …………………………………… 120
       遺産分割調停申立書／戸籍謄本などの添付書類

4-4　財産別の具体的な相続手続 ……………………………… 125
    1 遺産分割協議が終わったら名義変更が必要 ……………… 125
    2 名義変更はいつまでにしなければならないか …………… 126
    3 不動産の名義変更 ………………………………………… 126
    4 不動産の名義変更にかかる費用 ………………………… 128
    5 銀行預金の名義変更 ……………………………………… 131
    6 株式の名義変更 …………………………………………… 132
    7 死亡保険金の請求 ………………………………………… 133

第5章　相続税の申告手続

5-1　相続税の申告手続 ……………………………………… 138
    1 申告は誰がするのか ……………………………………… 138
    2 申告はいつまでにしなければならないのか ……………… 138
    3 分割協議がまとまらなかったとき ………………………… 139
    4 申告はどこにするのか …………………………………… 139
    5 申告に必要な書類はどのようなものがあるのか ………… 140
    6 相続税はどのように計算されるのか …………………… 141
       課税価格の計算／相続税額総額を計算／各相続人の相続税額
       の計算／各相続人の納付税額の計算

5-2　財産の評価はどのようにするのか ………………… 145
    1 土地の評価方法と必要書類 ……………………………… 145
       路線価方式／倍率方式／貸家建付地の評価方法

2　建物の評価方法と必要書類 ……………………………… 150
　　　　建物／貸家
　　3　株式の評価方法と必要書類 ……………………………… 150
　　　　上場株式／取引相場のない株式
　　4　預貯金，公社債の評価方法と必要書類 ………………… 155
　　　　預貯金／公社債
　　5　美術品の評価方法と必要書類 …………………………… 157
　　6　差し引ける債務にはどのようなものがあるか ………… 157
　　7　葬儀費用として認められるもの，認められないもの … 158
　　8　税務調査はこうやって行われる ………………………… 159

5-3　相続税を計算するうえでの特例 ……………… 161
　　1　小規模宅地等の特例 ……………………………………… 161
　　　　特定居住用宅地等の特例／特定事業用宅地等の特例／特定同
　　　　族会社事業用宅地等の特例／貸付事業用宅地等の特例
　　2　配偶者の税額軽減 ………………………………………… 164
　　3　死亡保険金と退職金には非課税枠がある ……………… 165
　　4　未成年者控除 ……………………………………………… 165
　　5　障害者控除 ………………………………………………… 166

5-4　相続税の納付手続 …………………………………… 168
　　1　原則は現金一括納付 ……………………………………… 168
　　2　納付ができないとペナルティが課される ……………… 169
　　3　納税資金はどうやって作ればよいか …………………… 170
　　4　申告額を誤ってしまったら ……………………………… 171
　　　　誤って少なく申告した場合／誤って多く申告した場合
　　5　延納手続のすすめ方 ……………………………………… 172
　　6　物納手続のすすめ方 ……………………………………… 178

第 1 章

相続発生後の手続

1-1 相続が発生したらやるべきこと

この章では，相続が発生した後，まずどのように手続を進めていくかを確認します。

誰かが亡くなったら，通夜・葬式などの手続をしなければならないのは言うまでもありません。その際に並行して，次の2つの手続を進めておくと，その後の相続手続をスムーズに進めることができます。

- 亡くなった人（「被相続人」といいます）が，相続財産について何か書いたもの（遺言書など）を残していないか調べること
- 被相続人の財産（資産と負債の双方）にどのようなものがあるか調べること

被相続人からすると相続財産は自分の財産ですから，どのように処分しようと自由に決めることができます。たとえば，お世話になった長男へ一番多く自分の財産を引き継がせたいという意思表示も可能となります。この意思表示を書面にしたものが遺言書です。被相続人の遺志やどのような財産が残されているかなどを確認するために，遺言書などの書面を探す必要があります。また，残された遺言書の種類によっては，検認といって法律的な手続をとらなければならないため，早めに調査する必要があります（詳しくは第2章で説明します）。

次に，相続財産を調べることの必要性についてです。相続財産を分けるにしても，どのような財産があるかを特定できなければ，話し合うこともできません。また，相続財産にはプラスの財産だけでなく，マイナスの財産も含まれます。親に借金があって財産を引き継ぎたくない場合には相続を放棄することができますが，その場合には一定期間内に手続をしなければなりません。そのため，早い段階から被相続人の財産にどのようなものがあるかを調べることが重要となります。

1 相続発生後の手続スケジュール

<死亡した後の法律手続スケジュール>

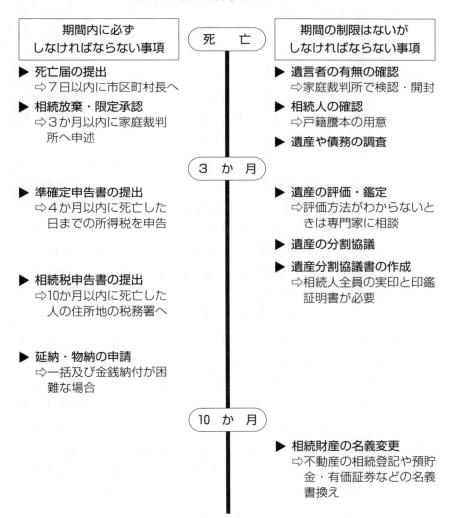

全体的なスケジュールの確認も重要です。相続の手続は，被相続人が亡くなったことを知った日から開始され，「開始日の翌日から〇か月以内に提出」といったように，提出期限が明確に定められているものがあります。また，財産の評価方法がわからない場合や法律的な相談をしたい場合など，専門家にお願いするケースもあります。相続発生後に専門家を探すことから始めると，思いのほか時間がかかってしまうこともあります。

　死亡した後の法律手続スケジュールの表では，「相続発生後に期間内に必ずしなければならない事項」と「期間の制限はないがしなければならない事項」の２つに大きく分けられています。期限が決められているものは，期限内に手続が完了するように手続を進める必要があります。

　なお，相続財産をどう分けるかという問題について，法律上の期間制限はありませんが，相続税の申告期間は10か月とされています。つまり，相続財産をどう分けるか決まっていなくとも，10か月以内に相続税の申告・納税手続をすることになっていて，申告期限が伸びることはありません。そのため，スケジュールの表では，期間内に必ずしなければならない事項として「相続税申告書の提出」とありますが，「遺産の分割協議」は，期間の制限はないがしなければならない事項に分類されています。ちなみに，どう分けるか決まっていない場合の申告は，法律で決められている法定相続分で申告書を提出し，その後，修正がある場合には修正申告などの手続をすることとなります。法定相続分についての詳細は，第３章で説明します。

　また，４か月以内に提出する準確定申告書とは，通常の確定申告書とは少し異なります。通常は１月１日〜12月31日の１年間の所得をもとに所得税を計算しますが，準確定申告では１月１日から死亡した日までに確定した所得をもとに計算をします。亡くなった時期によっては前年分と本年分の２年分の準確定申告をすることがありますが，いずれも４か月以内に提出する必要がありますので，注意が必要です。

　それぞれの手続の詳細は，各章で説明します。

2　相続とは

そもそも相続とは，亡くなった人の財産を残された家族が引き継ぐことです。たとえば，親が亡くなって子どもが親の財産を引き継ぐといった場合をイメージするとわかりやすいです。財産を相続させる人（親）を「被相続人」，財産を引き継ぐ人（子ども）を「相続人」といいます。

相続人は誰でもなれるわけではなく，さまざまな条件が法律で定められています。この法律で定められた相続人を「法定相続人」といいます。相続人になれる人ですが，まず配偶者は必ず法定相続人となります。次に，法定相続人となれるのは，子ども，祖父母，兄弟姉妹です。ただし，その全員が法定相続人になれるわけではありません。優先順位が決められていて，①子ども，②祖父母，③兄弟姉妹の順で優先権を持っています（詳しくは第3章で説明します）。血のつながりが強い人から，優先的に相続される仕組みとなっています。

法律では相続人が誰かということとともに，相続人それぞれの取り分が決められています。引き続き親が亡くなった子どもを例に考えると，配偶者（残された方の親）が財産の2分の1，子どもが2分の1を相続すると決められています。この取り分のことを「法定相続分」といいます。ただし，必ずしも法定相続分のとおりに財産を分けなければならないわけではありません。

また，引き継ぐ財産には，プラスの財産（資産）だけでなく，マイナスの財産（負債）も引き継ぐ対象となります。資産とは，現金・預金，不動産，株式などの有価証券，ゴルフ会員権，自動車，絵画・骨とう品・家財道具などをいいます。負債とは，借入金などをいいます。

相続財産を確認し資産と負債を比較した結果として，負債のほうが資産よりも多い場合には，相続財産を引き継ぎたくない人もいると思います。相続財産を引き継ぎたくない人は，相続放棄といって相続財産を引き継がないように法律手続を取れば，相続財産を引き継がなくてもよいことになります。

このように，相続は必ずしなければならないものではありません。相続をするかどうかは，相続人が自由に決めることができます。相続放棄以外にも，負

債の金額を限度に財産を引き継ぐ限定承認という方法もあります。相続財産が債務超過（負債の金額が資産の金額よりも多いこと）となるかどうかは，清算をしてみなければわからない場合もあるため，限定承認の手続をしておくことで，資産の金額を限度に負債の支払いをし，プラスの財産が残れば相続をし，マイナスの財産が残れば相続をしないことができます。

また，大事なポイントとして，相続税は原則として現金で納めなければなりません。故人を送る際には，葬儀費用や埋葬料もかかります。入院して亡くなったのであれば，入院費の請求が後から来ることもあります。相続財産に必ずしも現金・預金が十分にあるとは限りませんし，不動産を売って税金を納めればいいと思っていても，すぐに売却できるとも限りません。そのため納税資金を確保することも相続税対策の1つです。

なお，亡くなった後に財産を引き継ぐ相続に対して，生きているうちに財産をもらうことを「贈与」といいます。「相続」も「贈与」も財産を引き継ぐという点は同じですが，相続は財産を亡くなった後に引き継ぐのに対し，贈与は生きているうちに引き継ぐという点で異なります。また，贈与は財産をあげる人があげたい財産だけをあげることができますが，相続は通常すべての財産を引き継ぐことになります。そのため，相続の場合は，現金，預金，不動産といったプラスの財産だけでなく，借金などのマイナスの財産も引き継ぐ対象となります。そして，贈与は，贈与を受ける側の人の承諾も必要となります。

相続の場合には相続税，贈与の場合には贈与税という税金がかかります。それぞれ決められた税率が異なりますので，賢く財産を引き継ぐためには，こうした知識も必要となります。

3　相続が発生したら，まずすべき２つのこと

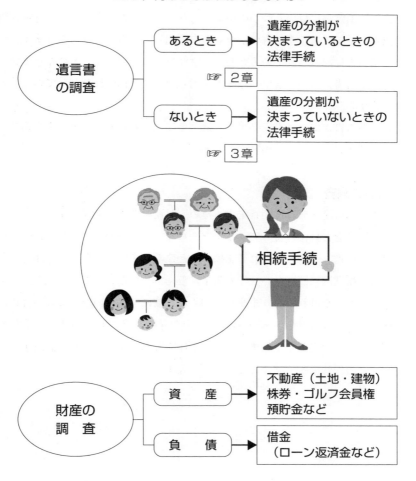

　相続が発生したら，まず遺言書がないか調査すること，どのような財産があるかを調査することから始まります。

(1) 遺言書の調査

遺言書がある場合とない場合で，その後の手続が変わっていきます。

遺言書がある場合は，遺産の分割が決まっているときの法律手続を進めます。たとえば，遺言書にはいくつかの種類があり，その種類によっては家庭裁判所に提出をしてその遺言書が有効か無効かを確認してもらうことになります。そして，遺言書に記載されているとおりに財産を分割していくことになります。

一方で遺言書がない場合は，相続人が話し合って具体的に分割していくことになります。

なお，遺言書があっても，必ずしも遺言書に従う義務はありません。相続人全員が合意すれば，自由に相続することもできます。

(2) 財産の調査

どのように財産を分けるか特定するため，財産の調査が必要です。

どんな財産をどれだけ持っているかを知らないまま親が亡くなり，相続が発生した場合には，一から親の財産を探すことになります。たとえば，銀行の口座などは金融機関に問い合わせても簡単に教えてくれないので，書類を1つ1つ揃えて確認しなければなりません。亡くなる前に，銀行口座，証券会社の口座，所有している不動産，借金の有無，生命保険など，財産の種類や金額を知っておくことが重要です。また，現金や保険証券（死亡保険金の請求手続で必要）などの保管場所を聞いておくことも大事です。

1-2 相続手続の流れ

　相続人はまず死亡届を役所に提出し，葬儀の手配を行い，葬儀をすませ，お墓の手配をするなど，慌ただしい日々を送ることになります。これが落ち着くと，今度は財産の相続やその他の事務手続もしなければなりません。これらの相続に伴うさまざまな手続は，被相続人が亡くなった日から開始され，提出期限が定められているものもいくつかあります。

　相続手続は，生きているうちに何度も経験するものではなく，相続手続を一度も行ったことがない方も多くいると思います。ただでさえ被相続人が亡くなり悲しみに暮れているなかで，慣れない相続手続を進めていくのは気が進まないことでしょうし，思いのほか時間がかかることも想定されるので，提出期限があるものはしっかりと期限を把握したうえで，できるだけ速やかに手続を進めていくことが大切です。

　相続手続は，(1)「必ず必要となる手続」と，(2)「該当がある場合に必要となる手続」の大きく２つに分けることができます。なお，(2)の手続には，期限が定められています。

1　必ず必要となる手続

　まず，相続が発生すると「必ず必要となる手続」には，①相続人の確定，②遺言書の有無の確認，③遺産分割協議及び遺産分割協議書の作成，④相続財産の名義変更の手続といったものがあります。これらの手続については，「いつまでにやらないといけない」という期間の定めはありませんが，何年も放っておくと，いざ手続を始めようと思ったときに面倒なことになりかねません。また，他の相続手続を進めていくなかで，これらの手続を終えていなければできない手続もありますので，速やかに手続を進める必要があります。

(1) 相続人の確定

被相続人が亡くなった後、まず取り掛かるべきことは、「相続人が誰であるか」を確定することです。相続手続は、相続人全員の合意が必要なものもあります。また、財産の名義変更の手続まで終わった後になって相続人が他にもいることを知った場合には、手続をはじめからやり直すことになります。このようなことが起こらないためにも、「相続人が誰であるか」を早めに確定させることが大切です。

(2) 遺言書の有無の確認

被相続人が遺言書を作成しているかどうかという「遺言書の有無」を確認することも早急に対応するべき事項としてあげられます。これは、「遺言書」があるかないかによって、その後の相続手続の内容が変わってくるためです。

「遺言書」があった場合、なかった場合のそれぞれの相続手続については、第2章、第3章で詳しくみていきます。

(3) 遺産分割協議及び遺産分割協議書の作成

「相続人が誰であるか」を確定し、「遺言書の有無」を確認したら、「遺産分割協議」をすることになります。「遺産分割協議」とは、相続人全員で相続財産をどのように分けるかについての話し合いのことです。遺言書がない場合は、自動的に法定相続分で財産を分けると思われている方もいますが、実はそうではなく、相続人が全員で話し合いを行い、相続人それぞれの財産の取り分を決めることになります。また、遺言書がある場合でも、遺言書に記載されている相続人が法定相続人だけの場合には、「遺産分割協議」により全員が合意することで、遺言書の内容とは違った財産の分け方をすることも可能です。

なお、「遺産分割協議」は、相続税の申告期限である相続開始から10か月以内には済ませておくべきです。これは、分割がされないまま相続税が課税される場合には、税務上多くの問題が生じることが予想されるためです。

「遺産分割協議」により相続財産の分割方法が決まったら、「遺産分割協議

書」を作成します。「遺産分割協議書」の作成は，「遺産分割協議」での協議内容を明確にして，後日に相続人間でトラブルを起こさないようにする効果があり，また，不動産の相続登記手続や，預金の名義変更手続などの際にも「遺産分割協議書」が必要となってきます。

「遺産分割協議，遺産分割協議書の作成」については，第3章で詳しくみていきます。

(4) 相続財産の名義変更の手続

「遺産分割協議」により相続財産の分け方が決まったら，「相続財産の名義変更」の手続をします。

銀行預金や不動産などの名義は，相続に伴い被相続人の名義から相続人の名義に変えることになりますが，名義変更手続に必要となる書類は，財産の内容（銀行預金や不動産，株式）によって違うため意外と時間のかかるものです。

「名義変更手続」については，第5章で詳しくみていきます。

2　該当がある場合に必要となる手続

次に，「該当がある場合に必要となる手続」には，どのような手続があるかをみていきます。

「該当がある場合に必要となる手続」には，①相続放棄，限定承認の申述（相続の開始があったことを知った日から3か月以内），②準確定申告書の提出（相続の開始があったことを知った日の翌日から4か月以内），③相続税の申告と納付（相続の開始があったことを知った日の翌日から10か月以内）があります。

なお，これらの手続については，期限を過ぎてしまうと，手続が無効になったり，相続税法の特典が受けられなくなったり，税金のペナルティを支払わなければならなくなるなど，結果として相続人にとって不利な結果となることがあるため，注意する必要があります。

いずれの手続も,「相続の開始があったことを知った日」が期限のスタート時点となっています。人が亡くなると,多くの場合はその日のうちに遺族らには亡くなったことの連絡が入ると思いますので,「相続の開始があったことを知った日」とは,通常は被相続人が亡くなった日になります。

(1) 相続放棄,限定承認の申述

　相続開始後,まず始めに期限が来るのが,「相続放棄,限定承認」の申述で,これらを選択する場合には,相続開始後3か月以内に家庭裁判所へ申述書等を提出する必要があります。

　「相続放棄」とは,被相続人の財産を一切承継しないというものです。相続は必ずしなければいけないわけではありません。相続財産には,資産（プラスの財産）だけでなく負債（マイナスの財産）もあり,どちらも一緒に承継されることになるので,負債が多いため相続財産を承継したくない場合には,「相続放棄」の手続をすることで相続をしなくてもよいのです。「相続放棄」の選択は,相続人全員の合意を必要とせず,相続人それぞれが単独で決めることができます。

　「限定承認」とは,被相続人の財産を条件付きで承継するもので,資産の範囲内で負債を承継する方法です。

　相続財産が結果として資産のほうが負債よりも多くなるとわかっていれば相続人はすべての財産を相続することを選択し（単純承認といいます）,相続財産が資産よりも負債のほうが多くなるとわかっていれば,相続人は「相続放棄」を選択することになるでしょう。ただ,被相続人が亡くなって3か月以内という短期間のうちに相続財産が確定しているケースは多くなく,相続財産が結果として資産のほうが多くなるのか,負債のほうが多くなるのか,3か月以内にはわからないこともあります。このような場合に「限定承認」を選択することで,負債のほうが多かった場合には財産の範囲内で債務を引き継ぐこととなり,逆に資産のほうが多かった場合にはその分を承継することが可能となります。「限定承認」の選択は,相続人全員が合意したときのみ選択することが

できます。

なお，相続開始から3か月以内に「相続放棄，限定承認」の申述を家庭裁判所に対して行わなかった場合には，相続人のすべての資産と負債を承継する「単純承認」を選択したものとみなされます。

「相続放棄，限定承認」の申述の期限は相続開始後3か月以内と期間が短いため，相続財産の複雑な計算をする前に，相続財産のおおよその金額を算出しておく必要があります。

「相続放棄，限定承認」の手続については，第3章で詳しくみていきます。

(2) 準確定申告書の提出

準確定申告書は，相続の開始があったことを知った日の翌日から4か月以内に税務署へ提出する必要があります。被相続人が亡くなった後に発生する税金は相続税だけだと思われている方も多いですが，実は，被相続人の所得税についても申告をする必要があります。また，被相続人が消費税の課税事業者であった場合には，消費税についても申告をする必要があり，この場合は所得税の申告とあわせて提出することになります。

なお，被相続人が1つの会社から給与をもらっているような場合には，原則的には会社が年末調整により所得税の清算を行うため，準確定申告は不要となります。

準確定申告における所得税の計算期間は，「被相続人が亡くなった年の1月1日から被相続人の亡くなった日」です。

通常の所得税の確定申告は，1月1日から12月31日までの所得を計算し，翌年の2月16日から3月15日までの間に申告及び納付を行うことが原則ですが，準確定申告の場合の提出期限は，相続人が相続の開始を知った日の翌日から4か月以内であるため，たとえば相続の開始を知った日が，年明けであった場合でも提出期限はその翌年ではなく，相続の開始を知った日から4か月以内となるので注意が必要です。

準確定申告には，基本的に通常の確定申告書と同じ用紙を使用しますが，相

続人が2人以上である場合には，付表（「平成〇〇年分所得税及び復興特別所得税の確定申告書付表（兼相続人の代表者指定届出書）」）を添付します。この付表は，相続人全員の連名により共同で提出することが原則です。

(3) 相続税の申告と納付

最後に期限が来るのが，「相続税の申告と納付」です。

相続税の申告と納付は，相続の開始があったことを知った日の翌日から10か月以内にする必要があります。

相続税の申告までには相続人のうちだれがどの財産を相続するのかを決めておくことが通常ですが，その期間が10か月間しかないというのは，短いと感じる人が多いのではないでしょうか。また，申告だけでなく納付も10か月以内となっているため，それまでに納税資金を用意しておかないといけません。

「相続税の申告と納付」の手続については，第5章で詳しくみていきます。

第 2 章

遺言書が見つかった場合

2-1 財産を引き継ぐ方法は3つある

　財産を引き継ぐ人（相続人）が1人であれば、誰に財産を引き継がせるかという問題は生じませんが、相続人が複数となると、財産をどのように引き継がせるかという困った問題が生じます。

　財産を引き継ぐ方法は、「遺言（遺贈）」、「死因贈与」、「生前贈与」の全部で3つあります。

　次のフローチャートのとおり、選んだ方法によって作成する書類と手続をする時期などが異なります。生前贈与を選んだ場合は、被相続人の生前に名義変更の手続が必要となります。一方、死因贈与、遺言書を選んだ場合は、被相続人が死亡した後に名義変更の手続が必要となります。手続の時期が異なるのは、方法によって効力発生の時期が異なるためです。

　また、3つの方法にはそれぞれメリットとデメリットがあります。選んだ方法によっては、税金面で不利となる場合や相続争いとなりやすいものもありますので、まずはそれぞれの方法の特徴とメリット・デメリットをおさえましょう。

＜財産を引き継ぐ方法＞

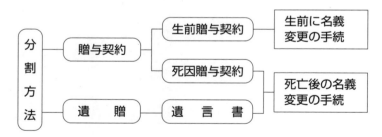

1　遺言（遺贈）

　遺言（遺贈）は，被相続人が亡くなったときに，誰に何を相続させるか，あらかじめ遺言書を作成して決める方法です。譲り受ける人の承諾は不要で，譲り受ける時期は，被相続人が亡くなったときです。

　また，遺言書がある場合には，次のような手続が必要となります。

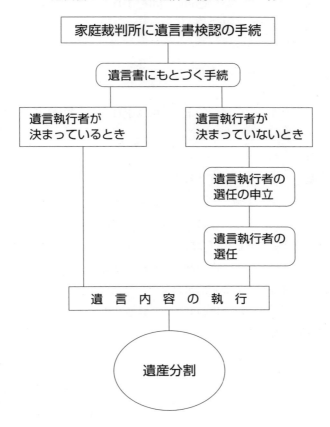

＜遺言書があるときの法律手続スケジュール＞

<遺言（遺贈）の文例>

遺言書

遺言者，○○○○ は，この遺言書で，次のとおりに遺言する。

1　妻 ○○○○ に次の財産を相続させる。
　(1)　土地
　　　　所　　在　○○県○○市○○町○丁目
　　　　地　　番　○○番○○
　　　　地　　目　宅地
　　　　地　　積　○○.○○㎡
　(2)　建物
　　　　所　　在　○○県○○市○○町○丁目　○○番地○○
　　　　家屋番号　○○○○番○○
　　　　種　　類　居宅
　　　　構　　造　木造瓦葺2階建
　　　　床 面 積　1階　○○.○○㎡
　　　　　　　　　2階　○○.○○㎡
　(3)　そのほか2，3に掲げた財産を除くすべての財産
2　長男 ○○○○ には，次の財産を相続させる。
　　帝国銀行神保町支店の定期預金全額
3　二男 ○○○○ には，次の財産を相続させる。
　　○○株式会社　株式○○株

　　　　　　　　　　　　　　　　平成○年○月○日
　　　　　　　　　　　　　　　　○○市○丁目○○番○号
　　　　　　　　　　　　　　　　遺言者　　○○○○　㊞

2　死因贈与

　死因贈与とは，被相続人と贈与を受ける人との贈与契約によって成立します。譲り受ける時期は，被相続人が死亡したときです。さきほどの遺言（遺贈）では，譲り受ける人の承諾が必要ないのに対して，死因贈与は贈与契約を結ぶため，贈与を受ける人の承諾が必要となります。

　たとえば，「わたしが死亡したら，財産の○○を，△△さんへ贈与します。」という契約を結ぶと，死後に財産を渡すことができます。これは契約なので，遺言書と異なり，被相続人と贈与を受ける人との合意が必要となります。

　そもそも贈与は，譲る人と譲り受ける人の双方で意思を確認しあうことが前提となっています。つまり，譲る人は持っている財産をタダであげると意思表示をし，譲り受ける人はその財産をもらいますと意思表示をして，はじめて贈与が成立します。

　口頭による贈与も実務上は可能ですが，のちに遺産分割で揉めないようにするためにも，贈与契約書を作成することが大切です。どの財産を誰に贈与するのかを記載し，効力の発生時期を決めておきます。その他に，所有権移転登記手続に関する費用をどちらが負担するかなどを取り決め，贈与する人と贈与を受ける人が自筆で署名押印をしておけば，死因贈与の強い証拠となります。

　なお，贈与契約は譲り受ける人の意思の確認ができなければ贈与は成立しませんので，贈与について理解のできない幼児に財産をあげるとしても，贈与は成立したとはいえませんので注意が必要です。ただし，20歳未満の未成年者に契約による贈与をしたい場合に，契約などの法律行為について，親権者や後見人などが代理人となることができます。そのため，意思確認のできない子どもに代わって親権者が契約書に署名押印することで，贈与を成立させることができます。贈与契約では，法律要件を満たすことがポイントとなります。

贈与契約書

　〇〇〇〇（甲）と〇〇〇〇（乙）は，次のとおり贈与契約を締結した。
1　甲は乙に対し，甲所有の後記土地・建物を贈与するものとし，乙はこれを受諾した。
2　本贈与契約は，贈与者甲の死亡と同時に効力を生ずる。
3　本件土地・建物の所有権移転登記手続に関する費用は，乙が負担するものとする。

記

所　　在　　〇〇県〇〇市〇〇町〇丁目
地　　番　　〇〇番〇〇
種　　類　　宅　　地
地　　積　　〇〇・〇〇㎡
所　　在　　同所同番地〇〇
家屋番号　　〇〇〇番〇〇
種類及び構造　　木造瓦葺2階建居宅
床面積　　1階　　〇〇・〇〇㎡
　　　　　2階　　〇〇・〇〇㎡

平成〇年〇月〇日
　　　　住　所　　〇〇県〇〇市〇丁目〇〇番〇号
　　　　（甲）　　〇　〇　〇　〇　　㊞
　　　　住　所　　〇〇県〇〇市〇丁目〇〇番〇号
　　　　（乙）　　〇　〇　〇　〇　　㊞

3　生前贈与

　生前贈与は，死因贈与と同じく被相続人と贈与を受ける人との贈与契約によって成立します。ただし，遺贈，死因贈与は贈与される時期が，被相続人が亡くなったときなのに対して，生前贈与の場合は，生前中いつでも両当事者が決めた時期に贈与することができます。

贈与契約書

贈与者　〇〇〇〇　（甲）と受贈者　〇〇〇〇　（乙）との間で，以下の通り贈与契約を締結した。

第1条
甲はその所有する以下の財産を乙に贈与し，乙はこれを受贈した。
　1　現金　　　　金〇〇〇〇〇円
　2　土地
　　　所　　在　　〇〇県〇〇市〇〇町〇丁目
　　　地　　番　　〇〇番〇〇
　　　地　　目　　宅地
　　　地　　積　　〇〇.〇〇㎡
　3　建物
　　　所　　在　　〇〇県〇〇市〇〇町〇丁目　〇〇番地〇〇
　　　家屋番号　　〇〇〇〇番〇〇
　　　種　　類　　居宅
　　　構　　造　　木造瓦葺2階建
　　　床面積　　1階　〇〇.〇〇㎡
　　　　　　　　2階　〇〇.〇〇㎡

第2条
甲は当該財産を平成〇年〇月〇日までに乙に引き渡す。

上記契約の証として本契約書を作成し，甲，乙は一通ずつ保有する。

平成〇年〇月〇日
　　　　　　　（甲）　住　所　　〇〇県〇〇市〇丁目〇〇番〇号
　　　　　　　　　　　氏　名　　〇〇〇〇　　　　　　　㊞
　　　　　　　（乙）　住　所　　〇〇県〇〇市〇丁目〇〇番〇号
　　　　　　　　　　　氏　名　　〇〇〇〇　　　　　　　㊞

第2章　遺言書が見つかった場合

生前贈与の場合は，相続税の対象ではなく贈与税の対象となり，生前贈与は当事者間の合意があれば，生前中いつでも誰にでも財産を引き継ぐことができるうえ，年間一定金額までであれば贈与税がかからない仕組みとなっています。そのため，生前贈与は生前に少しずつ財産を引き継ぐことができることから，相続税対策として利用されることもあります。

　以上のことから，遺産を分割する３つの方法の特徴は，次のようにまとめることができます。

方　法	特　徴
遺　言 （遺贈）	・被相続人が遺言書を作成 ・譲り受ける人の承諾が不要 ・譲り受ける時期は被相続人の死亡時
死因贈与	・贈与契約を結ぶ ・譲り受ける人の承諾が必要 ・譲り受ける時期は被相続人の死亡時
生前贈与	・贈与契約を結ぶ ・譲り受ける人の承諾が必要 ・譲り受ける時期は，生前中の両当事者が定めた時期ならいつでも

4　それぞれのメリット，デメリット

　次に，遺言（遺贈），死因贈与，生前贈与の３つの方法について，どのようなメリット，デメリットがあるのかを確認しましょう。

① 意思の明確性

　死因贈与，生前贈与は，財産を譲り受ける人の承諾を必要とします。これに対して，遺言（遺贈）は，譲り受ける人の承諾が不要なので，被相続人が一方的に財産の引き継ぎ方を決めることができます。そのため，財産を譲り受ける人の承諾を必要としない遺言（遺贈）よりも，死因贈与・生前贈与のほうが合意によるものなので，意思の明確性の面ではすぐれていることになります。

　また，遺言書にはいくつか種類があり，たとえば手軽にいつでも書ける自筆

証書遺言という種類の遺言書を作成した場合には，あやまって親族のだれかが開封したとしても遺言書自体が無効となることはありませんが，のちに偽造などをめぐって親族間で争いが起こる可能性もあります。また，せっかく遺言書を作っていたのに，法的に要件を満たさず，遺言書自体が無効となってしまうこともあります。したがって，意思の明確性の面からは死因贈与，生前贈与がよりすぐれているといえそうです。

② 税金面

税金面から考えると，生前贈与よりも死因贈与・遺言（遺贈）のほうがすぐれているといえます。

死因贈与，遺言（遺贈）で財産を引き継ぐと相続税がかかりますが，生前贈与で財産を引き継ぐと贈与税がかかります。相続税と贈与税の税率は，どちらも金額が大きければ大きいほど税率が高くなる累進税率が適用されますが，贈与税はそもそも相続税逃れを防ぐという目的がありますので，贈与税の税率は相続税の税率よりも高く，また，贈与税の基礎控除額は相続税の基礎控除額と比較して，小さくなっています。したがって，贈与税のほうが相続税よりも負担が大きくなりますので，税金面では相続税がかかる死因贈与・遺言（遺贈）のほうが有利といえます。

なお，土地や建物の登記にかかる登録免許税も，相続によると0.4％なのに対し贈与によると2％とされており，死因贈与・遺言（遺贈）のほうが有利となっています。

③ 感情的な面

法律面，税金面だけで手続をすすめることができないのが相続です。たとえ，理論上は最善の方法を選んだとしても，相続には人間の感情が少なからず介入しますので，必ずしも相続がうまくいくとはいいきれません。

たとえば，死因贈与という形式で契約をすると，被相続人の財産をどのように引き継がせるかが明らかとなってしまいます。その後，相続人（たとえば子どもたち）の間で，どうして長男が財産を多く引き継ぐんだ，といった感情的な対立が生じることもあります。そのため，財産の処分を被相続人自身が亡

なるまで明らかにしたくないというケースも多くあります。その結果，死因贈与・生前贈与という形よりも，遺言（遺贈）という方法がもっとも多く利用されるのだろうと思われます。

　以上のことから，遺言（遺贈），死因贈与，生前贈与のメリット，デメリットをふまえ，最適な方法を選んで相続の手続をすすめていく必要があります。ただし，必ずしも理論面だけで考えると相続の手続はうまくいきません。相続人の感情によっては，相続争いが生じてしまうこともあります。相続争いの原因の1つとして，相続財産の範囲・評価の不明確さがあげられます。そのため，最終的には相続人の気持ちが相続の手続を大きく左右する要素となりますので，相続争いができるだけ生じないように最善の方法を選んでもらえればと思います。

2-2 遺言書とは

　「遺言書」は，遺言者の遺言を書面にしたもので，遺言者は自分自身の財産を誰にどのように分けるかの遺志を明確にするために「遺言書」を作成します。
　「遺言書」を作成していない場合には，法定相続人しか財産を相続することはできませんが，「遺言書」を作成することにより，法定相続人以外にも財産を残すことができます。また，法定相続人のうち誰に何を相続させたいかを遺言者が指定することで，その遺志どおりに財産を承継することができます。このように，「遺言書」のもつ法律的な効果はかなり大きなものといえます。
　そのため，たとえば，法定相続人以外にお世話になっている人がいるため，その人に財産を残してあげたいと考えている場合や，長男へ一番多く財産を残してあげたいと考えている場合には，「遺言書」の作成が必要になります。
　また，遺言者が「自分の財産は法定相続分で相続させればよいので，遺言書は作成しない」とした場合でも，財産は自動的に法定相続分で分けられるのではなく，相続人全員で話し合いを行い，相続人それぞれの財産の取り分を決めることになります。ただし，相続人も人間です。どんなに仲のよい関係を築いていても，お金が絡む話し合いになると，意見がまとまらずに揉めることも十分考えられます。自分の残した財産の分け方を巡って相続人が争うことを避けるためにも，「遺言書」の作成は効果的です。
　さらに，「遺言書」を作成している場合には，「遺言書」に誰に何を相続させるかということが書かれているため，「遺言書」をもとに預金や不動産などの名義変更手続ができますが，「遺言書」がない場合には，基本的には相続人全員の実印による押印がされた「遺産分割協議書」が必要となってくるため，手間がかかってしまいます。
　以上のことから，相続人のためにも，「遺言書」は可能な限り作成しておいたほうがよいでしょう。

1　遺言書を作るときのポイント

　「遺言書」は作成したほうがよいのですが，実際に「遺言書」を作成する人は少ないのが現状です。これは，日本人は「生きているうちに自分が亡くなった後のことについて考えることは避けたい」，「遺言書を書くのは縁起が悪い」と考える人が多いからということもありますが，「遺言書を書きたい気持ちはあるが作成方法がよくわからないから，つい作成することを後回しにしてしまっている」ことも理由の1つであると思います。そのため，「遺言書」を書きたいと思ったときに，スムーズに作成に取り掛かることができるように，「遺言書」の作り方を早めに知っておくことは大切なことです。それでは，「遺言書」を作るときのポイントを7つみていきましょう。

(1)　日付を書く

　「遺言書」には，「遺言書」を作成した日の日付を書かなければなりません。たとえば平成30年1月のように，「○日」の記載がないと無効となってしまいます。また，よく見かけるものとして，「平成30年1月吉日」のように日付を「吉日」と書くケースですが，こちらも認められません。これは，たとえば平成30年1月3日に初めて「遺言書」を作成したものの，その数日後に新たな財産が見つかったため平成30年1月10日に「遺言書」を作り替えた場合には，「遺言書」に日付が記載されていないとどちらの「遺言書」が最新のものであるか確認することができないためです。

　ここで大切なのは，「日付を特定できる」ことなので，日付の記載方法は西暦でも和暦でも問題ありません。また，「平成30年元旦」や「○○の60歳の誕生日」などでも日付の特定が可能であるため，有効なものとなります。

(2)　氏名を書く

　「遺言書」には，氏名を書かなければなりません。これは，「遺言書」を書いた人が，遺言者本人であることを特定できるようにするためです。そのため，

実名でなく通称名や芸名がある場合には，そちらを書いても問題ありません。なお，実名を書くのが一般的ですが，その際には姓，名のどちらも書くようにしてください。

必須ではありませんが，遺言者本人の生年月日や住所を書くと誰が書いたかを特定しやすくなります。

(3) 押印する

氏名を書くこととあわせて，押印をしなければなりません。「遺言書」という大事な文書に使用する押印なので，実印である必要があるのではと思う方もいるかもしれませんが，ここでする押印は慣習に従っただけのものなので，認印や拇印でも問題ありません。ただ，拇印だと遺言者本人のものであるかを見た目で判断することが難しいため，できれば印鑑を使用したほうがよいでしょう。

(4) 字句の加除・訂正が必要な場合

「遺言書」に書く字句は，日常生活ではあまり聞きなれないものが多いため，慎重に書いても字句を間違えてしまうこともあるでしょう。

字句を加除・訂正することは認められていますが，その方法には次のようなルールが決められています。

まず，本文中の加除・訂正する場所で，変更内容がわかるように加筆や二重線による削除をします。そのうえで，変更したところに印を押します。次に，空白の部分に「3行目2字加入」や「4行目1字削除」など，加除・訂正の場所を指示して変更した旨を書き，押印します。

以上が加除・訂正のルールですが，ルールに厳密に従って加除・訂正しなければ「遺言書」は無効となってしまうため，間違ってしまった場合などは加除・訂正するのではなく，その「遺言書」を破棄して新たに一から作り直したほうがよいでしょう。

(5) 用紙，様式は決まっている？

　遺言書は自筆で書かなければなりませんが，その用紙や様式については特に決まりはありません。原稿用紙や便せんなどのような用紙でもよく，また横書きや縦書きのどちらでも問題ありません。

　ただ，どの用紙でもよいとはいえ，たとえば50歳のときに「遺言書」を作成した人が100歳まで生きた場合には，50年間保存することになりますし，亡くなった後は検認の手続（2－4で詳しくみていきます）や名義変更の手続の際にも必要となります。このように，多くの人の手に渡ることが想定されるため，破れにくい丈夫な紙を選ぶことをおすすめします。

(6) 「誰に」，「何を」相続させるかということを特定する

　「遺言書」の本文中で，「誰に」，「何を」相続させるかを特定する必要があります。

　「誰に」という点を特定させるためには，財産の受取人の氏名を書くことに加え，受取人との続柄や受取人の生年月日，住所を書くとよいでしょう。

　「何を」という点を特定させるためには，たとえば，遺贈する財産が預金の場合には銀行名や口座名まで書く，土地や建物の場合には登記簿謄本に記載されているとおりに所在や地番，種類を書くなど，財産の内容を具体的に書きます。

(7) 遺言執行者を書く

　「遺言書」には，遺言執行者を書いて指定しておくことをおすすめします。

　遺言執行者とは，遺言者が亡くなった後に遺言者の遺志を実現させるため，「遺言書」の内容に従ってその一切の事務手続を進めてくれる人のことです。

　遺言執行者が書かれていない場合には，家庭裁判所が利害関係人の請求によって遺言執行者を指定しますが，できれば自分が信頼できると判断した人を指定して，その人に遺言執行者となってもらいたいものです。

2　遺言書の内容を変えたいとき

　「遺言書」は，一度書いたら書き直すことはできないと思っている方もいるようですが，実はそうではなく，何度でも書き直すことができます。初めて「遺言書」を書いたときから，遺言者を取り囲む周りの状況は変化していくことがありますし，考えが変わることもあるでしょう。

　たとえば，「妻と子どもが２人いるが，財産はすべて妻に相続させたい」と考え，その旨を「遺言書」に書いていたものの妻のほうが先に亡くなってしまった場合や，「遺言書」の内容を子どもたちに教えたら子どもたちから大反対された場合，長男が老後の面倒をよく見てくれているので長男に多く相続させたいと思うようになった場合など，いずれの場合でも，いつでも「遺言書」は書き変えることができます。

　当初書いた「遺言書」の内容をたまに見直し，時には書き変えることで，遺言者と相続人の双方にとって理想的な財産の分け方が実現できます。

　また，一度書いた「遺言書」の内容を取り消したい場合や，その「遺言書」の種類が自筆証書遺言や秘密証書遺言である場合には，「遺言書」を破棄することで，その遺言は取り消されたことになります。「遺言書」の種類が公正証書遺言の場合には，「遺言書」の原本は公証人の手元に保管されているため，自分で破棄することはできません。この場合に一度書いた「遺言書」の内容を取り消すには，新しく「遺言書」を作成することが必要です。

　なお，当初書いた「遺言書」の種類が自筆証書遺言であった場合に，新たに書き変える「遺言書」の種類も自筆証書遺言によらなければいけないかというと，そんなことはありません。新たに作り替える「遺言書」の種類は，当初書いた「遺言書」の種類が自筆証書遺言，公正証書遺言，秘密証書遺言のどの方法によっているかに制限を受けることはないため，作り替えるタイミングで最適だと思う方法を選択しましょう。

3　遺言書が2つ存在する場合はどうする

　遺言書を作り直した場合には，「遺言書」が2つ以上存在することになります。このときは，日付が後のほうの「遺言書」の内容が優先されます。これは，最新の日付のものがより遺言者の遺志が反映されたものであると判断できるからです。

　ただし，「遺言書」を何度も書き直していると，相続人が「遺言書」を見つけたときに，どの「遺言書」が本当に有効なものなのかの判断が難しくなってしまいます。そのため，「遺言書」を書き変える場合には，前に作成したものについてはその都度廃棄することをおすすめします。

　遺言書が2つ以上存在する場合において，作成日付が前のほうの「遺言書」には「(1)長男に不動産を相続させる」と書いてあり，作成日付が後のほうの「遺言書」には「(1)二男に不動産を相続させる」と書いてある場合には，前の日付の「遺言書」と後の日付の「遺言書」の内容が矛盾していることになります。この場合は後の日付の「遺言書」の内容が優先されるため，不動産は二男に相続されることになります。

　また，作成日付が前のほうの「遺言書」には，「(2)妻に所有株式の全株を相続させる」と書いてあり，作成日付が後のほうの「遺言書」には「(2)妻に○○銀行の預金の全額を相続させる」と書いてある場合は，前の日付の「遺言書」と後の日付の「遺言書」は，(1)の内容については矛盾しているものの，(2)の内容については矛盾していません。このように一部矛盾していない内容がある場合には，「(2)妻に所有株式の全株を相続させる」という内容も，「(2)妻に○○銀行の預金の全額を相続させる」という内容もどちらも有効なものとして取り扱われることになります。

4　遺言書には気持ちを添える

　「遺言書」は、財産を誰にどのように分けるかという遺言者の遺志を明確にするために作成するものであり、「遺言書」に書く内容のうち、遺贈などの財産の処分に関する事項、相続分の指定などの相続に関する事項、婚姻外の子どもの認知といった身分に関する事項などのような法律で定められた事項のみ法的効力を有します。これらの法的効力を有する事項以外に、「相続財産の使いみち」や「私が亡くなった後も家族全員仲良くすること」といった遺言者の気持ちことを書いたとしても、その部分についての法的効力は一切ありません。

　ただ、法的効力はないとはいえ、「なぜそのような財産の分け方にしたか」などといった遺言者の気持ちを書くことはとても重要です。この遺言者の気持ちにあたる部分は「付言事項」と呼ばれていて、一般的に遺言書の一番最後に書き添えられています。

　法定相続人のなかで財産の取り分が違う場合には、なぜそのような分け方をしたかということを説明しないと、取り分の少ない人は納得しないでしょう。また、長男に一番老後の世話を頑張ってもらっていたが、兄弟はみんな同じ取り分とする場合には、なぜそのようにしたかの説明がないと長男は納得してくれないかもしれません。付言事項がないことで、遺言書の内容どおりに相続がされないことは、遺言者にとっても相続人にとってもよいことではありません。付言事項は長く書く必要はありませんが、相続人が納得できるような説得力のあるものにしましょう。

　多くの遺言者にとっての「遺言書」を作る目的は、自分の望むとおりに財産を分けることと、相続人にトラブルなく手続を進めてもらうことではないかと思います。

　法的に効力を有する部分のみを「遺言書」に書くだけでは、遺言者の思いを「相続人」に伝えることは難しく、「遺言書」を作る目的を達成することができないかもしれません。付言事項の書き方は自由ですので、できるだけ書くようにしましょう。

2-3 遺言書の種類は3つある

　遺言書の種類は，「自筆証書遺言」，「公正証書遺言」，「秘密証書遺言」の3つの方法があります。これらの作成方法を説明したうえで，3つの方法のメリット・デメリットを確認していきます。

1　自筆証書遺言

　自筆証書遺言とは，遺言者本人が全文・日付・氏名を自署し印を押して作成する遺言書です。代筆やパソコンでの作成は無効です。印が漏れても無効ですし，訂正部分を修正液などで修正しても無効ですが，方式を守って正しく作成することができれば，無料で何度でも作成することができます。作成した遺言書は，自身で保管してもよいですし，推定相続人，遺言執行人，友人知人に保管してもらうことができます。

　自筆証書遺言は，3つの方法のなかで一番手軽に作成することができます。急な病気やケガで入院したような場合であっても，自筆証書遺言であれば作成が可能です。法的な部分を守りさえすれば，自筆証書遺言はとても便利な方法です。ただし，遺言書を偽造される可能性や本当に遺言者が作成した遺言書なのか疑義が生じるといったデメリットもあります。さらに，形式が整っていないと法的に無効となってしまうことがあります。できることなら，遺言書を弁護士や司法書士などの専門家に見てもらっておくと安心です。

　また，自筆証書遺言は，検認の手続が必要です。検認とは，遺言書が正しい書式で作成されたものであるかどうかを確認するための手続で，相続発生後，遺言書を発見した人が家庭裁判所に遺言書を提出して検認を請求します。家庭裁判所で相続人などの立会いのもと，一緒に遺言書の内容を確認することとなります。遺言にそって名義書き換えの手続をするときにも，裁判所が発行する検認済みの証明書が必要となります。検認の申請をしてから証明書が発行され

るまで2か月ほどの時間を要するため、すぐに手続を進めたい場合は、自筆証書遺言は不向きです。

2 公正証書遺言

「公正証書」とは、法律の専門家である公証人が作成する公文書で、公証役場にいる公証人に依頼をして作成することができます。公証人は、裁判官、検察官などの法律実務に携わる専門家で、民法などの法律に従って遺言書を作成するため、遺言書の方式の不備で遺言が無効になる恐れがありません。遺言者が公証人の前で遺言の内容を伝え、公証人が聞いた内容をもとに遺言書を作成します。完成した遺言書を公証人が遺言する人に読み聞かせて、訂正がなければ遺言する人と立ち会った証人2名、公証人が署名押印をして公正証書遺言が完成します。

このような手順を踏んで作成されるため、公正証書遺言は、家庭裁判所で検認手続を経る必要がありません。検認の手続が不要なので、相続開始後、速やかに遺言の内容を実現することが可能です。さらに、遺言の原本が必ず公証役場に保管されるため、遺言書が破棄されたり、隠匿や改ざんをされたりする心配がありません。公正証書遺言は、自筆証書遺言と比較して、安全で確実な遺言方法であるといえますが、作成には費用がかかりますので、遺言書を何度も書き直したいという場合には不向きということになるかもしれません。

公正証書遺言の作成手数料は、法律であらかじめ金額が決められています。

1億円を超える部分については、1億円を超え3億円まで5,000万円ごとに1万3,000円が加算されるといった具合に、財産の価額が増えるにつれて手数料の額も増えていきます。実際の手数料額は、財産の相続を受ける人ごとに財産の価額を算出し、財産の価額に対応する手数料額を求めて、これらの手数料額を合算して遺言書全体の手数料を算出します。

<公正証書遺言の作成手数料一覧>

目的財産の価額	手数料の額
100万円まで	5,000円
200万円まで	7,000円
500万円まで	11,000円
1,000万円まで	17,000円
3,000万円まで	23,000円
5,000万円まで	29,000円
1億円まで	43,000円

　公正証書遺言を作成する際には，事案にもよりますが，次の資料が必要となります。

- 遺言者本人の本人確認資料（印鑑登録証明書又は運転免許証など）
- 遺言者と相続人との続柄がわかる戸籍謄本
- 財産を相続人以外の人に遺贈する場合には，その人の住民票
- 財産のなかに不動産がある場合には，その登記事項証明書（登記簿謄本）と，固定資産評価証明書又は固定資産税・都市計画税納税通知書中の課税明細書

　公正証書は大きな信用があるうえ，裁判をしなくても財産の差し押さえなどができるといった強力な効果がありますので，信用力や効果が強い遺言書を作成することができます。また，検認の手続が不要なため，すぐに財産を分けることができますし，遺言書の原本は公証役場で保管されるため遺言書が紛失するといったこともありません。

　なお，遺言者が高齢で体力が弱っていたり，病気などの理由で，公証役場に出向くことが難しい場合は，公証人が，遺言者の自宅又は病院などへ出張して遺言書を作成することもできます。また，公正証書遺言をするためには証人2人の立会いが義務付けられていますが，適当な証人が見当たらない場合には，公証役場で紹介してもらうことができます。

3　秘密証書遺言

　自筆証書遺言と公正証書遺言の中間くらいの方法が，秘密証書遺言です。秘密証書遺言は自筆証書遺言と異なり，自筆である必要はなく，パソコンなどを使って作成しても，第三者が代筆したものでも構いません。遺言者が遺言の内容を記載した書面に署名押印したうえで遺言書を封じ，封印した遺言書の封筒を公証人のところへ証人とともに持参し，遺言書の存在を証明してもらう方法です。遺言書が確かに存在することを証明してくれるので，遺言書があるのかどうかについて争うことがなく，また，内容を秘密にすることができるといったメリットがあります。

　ただし，公証人が内容を確認することはしないため，封のなかに入っている遺言書が有効か否かは開封するまでわかりません。そのため自筆証書遺言と同様に，相続発生後に検認の手続が必要となります。遺言の内容を誰にも明かしたくない場合にとられる方法ですが，誰も内容を確認しないため，いざ開封された遺言が無効になる可能性があります。また，裁判所の検認手続が必要で，かつ公証役場に行く手間や作成費用がかかることから，実際にはあまり利用されていません。

4　それぞれのメリット・デメリット

　遺言には3つの方法がありましたが，遺言を残すのならどの方法がよいのでしょうか。各証書遺言の特徴からわかるように，自筆証書遺言は遺言者1人で作成できますが，公正証書遺言と秘密証書遺言は，公証人・証人2人が必要となります。遺言書は何度も書き直すことができるため，財産の増減があったりして将来の状況が変わると遺言書を書き直すことがありますが，公証証書遺言・秘密証書遺言の場合は書き直すたびに公証役場に行って手続をすると，毎回手数料がかかってしまいます。一方，自筆証書遺言は，いつでもどこでも無料で作成することができることが最大のメリットです。

しかし，自分１人で作成するため，本当に遺言者本人が作成した遺言かどうか疑義が生じることもあります。このデメリットを解消するのが，公正証書遺言です。偽造はあってはならないことですが，実際に自筆証書遺言は遺言者の字をまねて勝手に偽造することも想定されます。遺言書が発見されたときには，遺言者が亡くなっているので，本人に確認することはできませんし，筆跡鑑定も近年パソコンや携帯電話の普及で直筆の資料が少なくなり，鑑定が難しいケースもあります。公正証書遺言であれば，公証人が作成し公証役場で保管するため，偽造などの恐れがありません。

また，たとえば「私の財産はすべて長女にまかせる」といった文書の場合には，「まかせる」という意味について「財産を譲る」という意味なのか，「管理をまかせる」なのか，どちらを意味するのかわからない遺言書が出てくること

<３つの遺言書の違い>

	自筆証書遺言	公正証書遺言	秘密証書遺言
作成方法	遺言者が全文・氏名などを自筆，押印して作成する。パソコンなど自筆以外の作成は無効。	遺言者が口頭で内容を伝え，公証人が作成する。	遺言者が署名押印して作成する（署名以外はパソコンや代筆など，自筆でなくても構わない）。
証人の要否	不要	必要（証人２人以上）	必要（証人２人以上）
署名押印	本人	本人・公証人・証人	本人
保管場所	遺言者自身が保管	公証役場が原本を保管	遺言者自身が保管
メリット	・手軽に作成できる ・作成費用がかからない ・証人がいらない	・検認が不要 ・無効となる恐れが低い ・遺言書を探すのが簡単	・内容を秘密にすることができる ・遺言書の有無が明確
デメリット	・形式によっては無効となる可能性がある ・紛失偽造の恐れがある ・検認が必要	・作成費用がかかる ・証人が必要となる ・証人に遺言の内容が知られてしまう	・作成費用がかかる ・形式によっては無効となる可能性がある ・証人が必要となる ・検認が必要

がありますが，このような遺言書とならないように，公正証書遺言の場合は公証人が文書を確認するため，2つの意味にとられてしまうというようなトラブルは起きません。さらに，自筆証書遺言は，全文自分で自書しなければなりませんので，体力が弱ってきたり，病気などのため自書が困難となった場合には，自筆証書遺言を作成することは難しいですが，公正証書遺言であれば，公証人に依頼すれば，遺言書を作成することができます。

5　揉めないために必要なこと

　遺言書があったばかりに相続トラブルとなってしまう例もありますので，遺言書を作成したから安心というわけでもありません。たとえば，遺言の内容が不明確で，何通りか考えられる表現となっていると，財産の分け方について揉める可能性があります。また，そもそも遺言書が偽造されているのではないかという疑義が起こる可能性もあります。

　このようなトラブルを回避するためには，公正証書遺言がおすすめです。公証人・証人2人が関与して遺言書を作成するため，遺言者が本当に作成した遺言書なのかという疑義が生じません。遺言書の内容についても，公証人が文言の確認をするので，法的に遺言書が無効となる恐れがなく，財産の分け方について不明確な表現が使用される心配もありませんので，遺言書によって揉める可能性を低くすることができます。

　自筆証書遺言で遺言書を作成したい場合は，遺言書の偽造・悪用の対策の1つとして，定期的に遺言書を作成する方法がよいでしょう。たとえば，「毎年決まった時に遺言書を見直し，新たに遺言書を作成して，決まった場所に保管しておく」ということを遺言書に記載しておけば，記載場所以外のところから遺言書が出てきた場合に，その遺言書は偽造されているのではないかという観点で裁判所が判断してくれる可能性があります。

　また，遺言書で揉めないためにも，2人以上の人が同一の遺言書で遺言（遺贈）することはできない決まりになっています。これを共同遺言といいます。民法上でも「遺言は，2人以上の者が同一の証書ですることができない。」と

規定されていて，共同遺言の禁止が法的に定められています。遺言は，他人の意思に左右されるべきではなく，自由に撤回できるべきものです。2人以上が同一の遺言書を作成すると，それぞれの遺言の自由や撤回の自由が制限されてしまいますので，必ず単独で遺言書を作成しましょう。

2-4 遺言書を見つけたらどうする

　被相続人が亡くなった場合には、被相続人が「遺言書」を作成していたかどうかを早急に確認する必要があります。

　被相続人が生きているうちに「遺言書」の保管場所について教えてくれていれば、すぐに「遺言書」を見つけることができますが、そうでない場合には、「遺言書」を探すことになります。

　一般的な「遺言書」の保管方法としては、妻や長男などの身近な人、弁護士や税理士などの相続に関する専門家などの、信頼することのできる第三者に預ける方法や、自宅の金庫や貸金庫に保管するなど自分で管理する方法があります。

　みなさんが遺言者として「遺言書」を書いた後に、どのように保管するか決める場合は慎重に判断しなければなりません。たとえば、貸金庫に保管する方法を選んだ場合は、相続人が「遺言書」を容易に見つけることができるというメリットがある一方で、貸金庫を開けるには原則として相続人全員の同意が必要となり手間がかかってしまうというデメリットもあります。また、「遺言書」を身近な人に預ける際に、財産を少なく相続させる人に預けた場合には、その相続人が「遺言書」を勝手に破棄してしまい、結局「遺言書」が見つからないことも想定されます。

　「遺言書」を見つける方法はさまざまですが、「遺言書」を見つけた場合に、相続人は「遺言書」の内容をすぐに実現することができるかというと、実はそうではありません。「遺言書」の種類が公正証書遺言以外の、すなわち自筆証書遺言や秘密証書遺言の場合は、「遺言書」を見つけた人や、保管している人は、遅滞なくこれを家庭裁判所に提出して、その検認を請求しなければいけませんから、時間も手間もかかることになります。

1 検認の手続が必要

　検認とは，自筆証書遺言や秘密証書遺言の「遺言書」を見つけた人や保管していた人が，遅滞なくこれを裁判所に提出して，「遺言書」が実際に存在し，遺言の方式にあったものであるかを確かめるための手続です。

　検認の手続は，相続人に対して遺言の存在とその内容を知らせると同時に，「遺言書」の形状や加除訂正の状態，日付，署名など検認の日現在における遺言書の内容を明確にして「遺言書」の偽造や変造を防止するための手続です。つまり，家庭裁判所による「遺言書」の証拠保全の手続であるため，「遺言書」が有効であるか無効であるかといった判断をする手続ではありません。

　たとえば，「遺言書」が相続人の誰かからの脅迫により作成したものであった場合は，その「遺言書」の内容は遺言者の遺志を反映しないものとなりますが，家庭裁判所はそのことについては特に関与することはありません。この場合に「遺言書」が有効か無効かどうかを判断する手続は，「遺言書無効確認の訴え」などで争うことになります。また，「遺言書」の内容が遺留分に反する内容であった場合でも，その遺言自体が無効となることはありません。この場合には，相続人各自が別途，遺留分減殺請求を申し出ることになります（遺留分及び遺留分減殺請求については，2－5で詳しくみていきます）。

　「遺言書」の提出を受けた家庭裁判所では，遺言の内容を確認し検認調書を作成します。検認調書には，「遺言書」がどのような用紙で書かれているか，使用した筆記用具は何か，どのような内容が書かれているか，署名は何と書かれているか，印や日付はどうなっているかなどの詳細な情報が記載されます。

　なお，遺言書の種類が公正証書遺言の場合には，検認の手続は不要です。これは，公正証書遺言が公証人という「遺言書」を作成する専門家に書いてもらうものであり，偽造や変造，改ざんされることが想定されにくいためです。

2　検認の手続と注意点

　自筆証書遺言の場合には，「遺言書」の内容を見られたり勝手に内容を変更させられたり，また用紙が破損したりしないようにするために，「遺言書」を封筒にしまって封印しているということが多いのではないでしょうか。
　遺言書を見つけたときは「遺言書」の内容を確認してみたい気持ちになると思いますが，封印がされている場合は，勝手に開封してはなりません。これは，封印のされている「遺言書」は，家庭裁判所で相続人の立会のもとで開封しないといけないことになっているためです。
　事前に開封してしまった場合や，「遺言書」を家庭裁判所に提出することを怠った場合でも，遺言自体が無効となるわけではありませんが，5万円以下の過料を科せられることがあるため注意が必要です。

3　検認申立書はこうやって書く

　「遺言書」を見つけた人や保管していた人は，家庭裁判所に「遺言書」を提出する際に，「遺言書検認申立書」をあわせて提出します。家庭裁判所にこれらを提出した後，家庭裁判所から相続人全員に対して検認を行う日の通知がされるため，検認を行う当日に申立人が「遺言書」を持参し，相続人立会のもとで開封及び確認がされます。
　「検認申立書」は，太枠の中を記入していくことになります。基本的な記入項目としては，申立人と遺言者の本籍・住所や，申立者の実情として封印等の状況や遺言書の保管，発見の状況や場所などがあります。また，「相続人等目録」も作成します。検認の手続は，相続人全員が家庭裁判所に招集されるため，「相続人等目録」に相続人の住所と氏名を記入することで家庭裁判所が相続人に対して呼出状を郵送することが可能となります。

＜検認申立書＞

受付印	家事審判申立書　事件名（　遺言書の検認　）
	（この欄に申立手数料として1件について800円分の収入印紙を貼ってください。） 印　紙 （貼った印紙に押印しないでください。） （注意）登記手数料としての収入印紙を納付する場合は，登記手数料としての収入印紙は貼らずにそのまま提出してください。
収入印紙　　　円 予納郵便切手　円 予納収入印紙　円	

準口頭　　関連事件番号　平成　　年（家　　）第　　　　　　　　号

○○　家庭裁判所 　　　御中 平成○年○月○日	申　立　人 （又は法定代理人など） の記名押印	甲　野　一　郎　㊞

添付書類	

申立人	本　籍 （国　籍）	（戸籍の添付が必要とされていない申立ての場合は，記入する必要はありません。） ○○　都道府県　○○市○○町○丁目○番地
	住　所	〒○○○－○○○○　　　　電話　○○○（○○○）○○○○ ○○県○○市○○町○丁目○番○号 （　　　　　　方）
	連絡先	〒　－　　　　　　電話　（　） （注：住所で確実に連絡ができるときは記入しないでください。） （　　　　　　方）
	フリガナ 氏　名	コウノ　イチロウ 甲　野　一　郎	大正 昭和　○年○月○日生 平成　　（　○○　歳）
	職　業	会　社　員

※ 遺言者	本　籍 （国　籍）	（戸籍の添付が必要とされていない申立ての場合は，記入する必要はありません。） ○○　都道府県　○○市○○町○丁目○○番地
	最後の 住　所	〒　－　　　　　　電話　（　） 申立人の住所と同じ （　　　　　　方）
	連絡先	〒　－　　　　　　電話　（　） （　　　　　　方）
	フリガナ 氏　名	コウノ　タロウ 甲　野　太　郎	大正 昭和　○年○月○日生 平成　　（　　　歳）
	職　業	

（注）　太枠の中だけ記入してください。
※の部分は，申立人，法定代理人，成年被後見人となるべき者，不在者，共同相続人，被相続人等の区別を記入してください。

申　立　て　の　趣　旨
遺言者の自筆証書による遺言書の検認を求めます。

申　立　て　の　理　由
1　申立人は，遺言者から，平成〇年〇月〇日に遺言書を預かり，申立人の自宅金庫に保管していました。
2　遺言者は，平成〇年〇月〇日に死亡しましたので，遺言書（封印されている）の検認を求めます。なお，相続人は別紙の相続人目録のとおりです。

(別紙)

※ 相続人	本　籍	都　道 〇〇　　府　県　〇〇市〇〇町〇丁目〇番地
	住　所	〒〇〇〇－〇〇〇〇 〇〇県〇〇市〇〇町〇番〇号　〇〇アパート〇〇号室 （　　　　　　　　　　　方）
	フリガナ 氏　名	コウノ　　ジロウ 甲　野　　次　郎	大正 昭和　〇年〇月〇日生 平成 （　〇　歳）

※ 相続人	本　籍	都　道 〇〇　　府　県　〇〇郡〇〇町〇〇××番地
	住　所	〒〇〇〇－〇〇〇〇 〇〇県〇〇郡〇〇町〇〇××番地 （　　　　　　　　　　　方）
	フリガナ 氏　名	オツノ　　ハナコ 乙　野　　花　子	大正 昭和　〇年〇月〇日生 平成 （　〇　歳）

※		

第2章　遺言書が見つかった場合

4　遺言執行者

　検認の手続が完了すると，相続人は，「検認済証明書」を申請します。この「検認済証明書」を「遺言書」に付けることで，遺言の内容を実現していくことが可能となります。

　ただし，遺言の内容を実現することが可能となるとはいえ，遺言の内容を実現していくことは簡単なことではありません。不動産や預金などの財産を相続する場合には名義変更手続が必要になりますし，認知に関する遺言の場合には届出が必要になります。これらの作業は，一度も相続手続を経験したことのない人にとっては非常に時間のかかる面倒な作業です。そこで，通常は遺言の内容を実現するための作業を相続人に代わって実行していく人が指定されることになります。その人が「遺言執行者」と呼ばれる人です。

　「遺言執行者」は，「遺言書」のなかで指定されます。「遺言執行者は未成年者や破産者以外であれば誰でもなることができるため，相続人の中から指定することも可能です。また，1人だけしか指定してはいけないという決まりもないため，複数人指定することも可能です。なお，「遺言書」のなかで「遺言執行者」の記載がない場合には，家庭裁判所が利害関係人の請求によって「遺言執行者」を指定することになります。

　遺言は，「遺言書」に記載したとおりに実行されなければ意味がないため，「遺言書」に「遺言執行者」を指定することはもちろんのこと，指定する「遺言執行者」は自分が信頼できると判断した人を選ぶとよいでしょう。

　ただし，信頼できる人を指定するとはいっても相続手続という特別な手続に関するものであるため，普段の生活のなかにおける信頼できる人と，「遺言執行者」として信頼できる人は，必ずしも同じ人になるとは限りません。

　たとえば，自分の考えを最もよく理解してくれているのは妻であるため，「遺言執行者」を妻として指定したとします。しかし，妻が高齢であった場合には，かなりの労力が必要となる事務手続を担うのは難しいでしょう。それでは，体力のある30代の子どもであれば「遺言執行者」としてふさわしいかとい

うと，働き盛りの年代の方は仕事が忙しくて手続を進める時間がないことも考えられます。また，妻や子どもなど相続人を「遺言執行者」に指定する場合には，「遺言執行者」に指定されなかった相続人が不満を持つことも想定されます。この場合，遺言執行者の解任請求がされることもあるため，相続人を「遺言執行者」に指定することはおすすめできません。

そのため，利害関係のない弁護士等の専門家を「遺言執行者」に指定するのも1つの手です。

また，遺言執行者に対しては，報酬を支払うことになりますが，「遺言書」で報酬の金額を定めることができるため，「遺言書」に金額の定めがある場合には，その金額に従うことになります。報酬の金額が定められていない場合には，基本的には相続人と「遺言執行者」が話し合いにより決定します。話し合いによりまとまらない場合には，家庭裁判所が決定することになります。

「遺言書」のなかで「遺言執行者」が指定された場合，指定されたものは必ず「遺言執行者」の任務を果たさなければならないわけではありません。指定を拒否することは可能です。そのため，「遺言執行者」を指定していたにも関わらず「遺言執行者」に拒否されてしまった場合や，「遺言執行者」の指定がなかった場合には，相続人等が家庭裁判所に「遺言執行者」の選任の申し立てをすることになります。

その際，「遺言執行者の選任申立書」が必要となり，申立人と被相続人の本籍，住所などを記入し，次に申立人が被相続人と利害関係を有する事情などを記入します。そして，「遺言執行者」の候補者の希望があれば，その候補者の住所や本籍，職業などを記入します。また，800円の収入印紙が必要となります。

2-5 遺留分

　本来であれば誰に財産を相続させるかは，被相続人が自由に決めることができますが，相続では相続財産の最低限の取り分を意味する「遺留分」というルールがあり，残された家族が生活を維持できるような配慮がなされています。遺留分を主張できる相続人は，手続をすることで遺留分の財産を取り戻すことができます。ここでは，遺留分について説明していきます。

1　遺留分

　遺留分とは，残された家族が生活を維持できるように，相続人それぞれの最低限の財産の取り分を確保する制度です。誰もが遺留分の権利を主張できるわけではなく，権利を主張できる相続人や遺留分とされる財産の割合はあらかじめ決められています。

　遺留分の最大のポイントは，遺留分の主張をしなければ，遺留分の財産を受け取れないという点です。相続では被相続人の意思も尊重されるため，遺留分を侵害する内容の遺言どおりに相続が行われてしまうこともあります。したがって，遺留分は自動的に保障されているというわけではなく，遺留分の請求手続をしなければ，遺留分の財産を受け取ることができません。そして，遺留分の割合は，相続人が誰なのかによって変わることや請求する期限が1年以内ということなど，いくつかの決まりごとがあります。

　なお，遺留分を主張されたら必ず一定割合の財産はその人にわたることになりますので，親が遺言書を作る場合には，はじめから遺留分を配慮してもらうようお願いをしておくとよいでしょう。

2　遺留分は誰が主張できるか

　遺留分の権利を主張できるのは、兄弟姉妹以外の法定相続人です。兄弟姉妹以外の法定相続人とは、配偶者（夫・妻）、直系卑属（子ども・孫）、直系尊属（親・祖父母）です。遺留分の権利者を「遺留分権利者」といいます。残された家族が生活を維持するための制度であるため、被相続人の兄弟姉妹は遺留分を主張することができません。また、財産のうちいくら遺留分を請求できるかは、相続人（遺留分権利者）の構成によって決まっています。
　具体的には、次のとおりです。

- 直系尊属のみが相続人の場合　→　被相続人の財産の3分の1
- それ以外の場合　　　　　　　→　被相続人の財産の2分の1

　たとえば相続人が親だけの場合は、直系尊属のみが相続人の場合に該当するので、財産の3分の1が遺留分となります。
　一方、配偶者と子ども2人が相続人の場合には、「それ以外の場合」に該当し、財産の2分の1が遺留分となります。各相続人ごとの遺留分については法定相続割合（93ページ参照）に遺留分の割合を乗じることで遺留分を算出することになります。その結果、配偶者は4分の1（2分の1×2分の1）、子どもはそれぞれ8分の1（2分の1×2分の1×2分の1）を遺留分として請求することができます。
　なお、それ以外の場合とは、前述の例以外に、相続人が配偶者と直系尊属の場合、配偶者のみの場合、被相続人の子どものみの場合などが想定されます。

3　遺留分の主張はどうやってする？

　遺留分を侵害されている場合でも、ただちに遺留分の財産を取り戻せるわけではありません。遺留分の財産を取り戻すためには、遺留分の主張をする必要があります。この手続を「遺留分減殺請求」といいます。遺留分を侵害してい

る特定の相続人へ，遺留分減殺請求をして，侵害された分の財産を返還してもらいます。遺留分減殺請求について，具体的な手続の方法を説明していきます。

(1) 権利主張はそれぞれの権利者が行う

遺留分減殺請求はそれぞれの権利者が行います。権利者が複数人いて，そのうちの1人が権利行使をしても，他の権利者にはまったく影響を与えません。その遺留分減殺請求をした人だけが，その人自身の遺留分の財産を取り戻すことができます。

(2) 権利の行使期限は1年以内

権利を行使する期限は，相続の開始および減殺すべき贈与又は遺贈があったことを知った時から1年間と決まっています。たとえば，遺言書が開封されて「長男にすべて財産を引き継ぐ」と遺言書に記載されていれば，遺留分が侵害されていることを知ったときから1年間とされます。1年を経過すると権利行使することができなくなりますので，注意が必要です。

(3) 遺留分減殺請求のしかた

遺留分が侵害されている場合には，直ちに遺留分減殺請求をしなければならないということではありません。遺留分を侵害している相手との話し合いで問題解決できることもあります。たとえば，遺留分を侵害している遺言書であっても，遺留分について話し合いをすれば，遺言書どおりではなく遺留分を考慮した遺産分割をして遺産分割協議書を作成することができるかもしれません。

それでも，相手が交渉に応じない場合は，遺留分減殺請求をして，家庭裁判所の調停や審判，裁判によって決着をつけることになります。実際に遺留分減殺請求をする場合には，手続期限である1年以内に「遺留分減殺請求権を行使する」ということを，遺留分を侵害している相手に通知する必要があるため，いつ誰が誰にどんな内容の文書を差し出したかを証明することができるように，内容証明郵便などを利用して請求を行いましょう。何の財産をいくら返還して

もらうかは，通知後に協議や調停をして決めていくことになります。家庭裁判所へ遺留分減殺請求の調停を申し立てただけでは相手に対する意思表示となりませんので，調停の申立てとは別に，内容証明郵便などによって意思表示をしましょう。遺留分減殺請求権を行使する旨の通知書は，次の様式を参考にしてください。

遺留分減殺請求通知書

　平成30年○月○○日，被相続人　相続太郎の相続が発生した。被相続人相続太郎の法定相続人は被相続人の配偶者である花子（貴殿），長男の子である雄太，次男の次郎（私），三男の三郎の4名である。被相続人は全財産を花子に相続させる旨の遺言を作成しており，遺言は執行された。

　私は遺産全体の12分の1にあたる遺留分を有しており，上記遺言は私の遺留分を侵害している。

　よって，私は，貴殿に対して遺留分減殺の請求をするものである。

平成30年×月××日

　　　　　　　　　　　　　　　○○県○○市○○町○番○号
　　　　　　　　　　　　　　　　　　　相続　次郎

遺留分減殺請求を行使する旨を相手へ通知した後，遺留分減殺請求の調停申立書を提出することになります。

調停申立書には，次の事項を記載することとなります。

- 申立人，被相続人及び減殺すべき遺贈・贈与を受けている相手の本籍・住所など
- 「申立ての趣旨」について，申立人の遺留分を侵害している範囲で減殺請求をする旨などを記載します。
- 「申立ての実情」については，次の内容を記載します。
    ① 被相続人がいつ死亡したか

② 相続人は誰と誰であるか
③ 相手が遺言書によってすべての財産の遺贈を受けているなど，遺留分を侵害していること
④ 申立人の遺留分が何分の何になるか

　遺留分を侵害している旨を説明する遺留分減殺請求の調停申立書の「申立ての趣旨」，「申立ての実情」欄の文例を載せていますので，参考にしてください。また，申立書の提出と一緒に申立人・被相続人及び相手の戸籍謄本や相手に遺贈されることとなった遺言書などを提出します。

　裁判所の調停では，当事者双方の事情を説明したり，遺産について鑑定が行われるなどして事情を把握したうえで，調停員からの解決案や解決のために必要な助言を受けて，話合いが進められます。

この申立書の写しは，法律の定めるところにより，申立ての内容を知らせるため，相手方に送付されます。

申 立 て の 趣 旨

相手方は，申立人に対し，相手方が被相続人甲野太郎から遺贈を受けた別紙物件目録記載の土地及び建物につき，その時価の2分の1に相当する物件を返還するとの調停を求めます。

申 立 て の 理 由

1　被相続人甲野太郎（本籍〇〇県〇〇市〇〇町〇丁目〇番地）は，その配偶者花子死亡後の平成〇年ころから相手方と同棲し，内縁関係にありましたが，平成〇年〇月〇日に相手方の住所において死亡し，相続が開始しました。相続人は，被相続人の長男である申立人だけです。

2　被相続人は，別紙物件目録記載の土地，建物を相手方に遺贈する旨の平成〇年〇月〇日付け自筆証書による遺言書（平成〇年〇月〇日検認済み）を作成しており，相手方は，この遺言に基づき，平成〇年〇月〇日付け遺贈を原因とする所有権移転登記手続をしています。

3　被相続人の遺産は，別紙の物件目録記載の不動産だけであり，他に遺産及び負債はありません。また，前記遺言の他に遺贈や生前贈与をした事実もありません。

4　申立人は，相手方に対し，前記遺贈が申立人の遺留分を侵害するものであることから，平成〇年〇月〇日到着の内容証明郵便により遺産の2分の1に相当する物件の返還を求めましたが，相手方は話し合いに応じようとしないので，申立ての趣旨のとおりの調停を求めます。

4 遺留分の計算はどうやってする？

　遺留分の計算をするためには，計算の基礎となる財産の範囲を確認する必要があります。遺留分の算定基礎となる財産の範囲は，被相続人が相続開始のときに所有していた財産の価額と贈与された財産の価額を加え，そこから債務の金額を控除することで計算します。財産に加えられる贈与された財産の価額とは，すべての贈与された財産の価額が加えられるのではなく，相続開始前の1年間に贈与されたものに限られます。ただし，1年より前にされた贈与であっても，当事者間で遺留分権利者に損害を与えることを知りながら贈与されたものであれば，遺留分算定の基礎となる財産に加えられることになります。次の場合は被相続人の名義ではなくても贈与財産となり，遺留分算定の基礎となる財産に算入されます。

【遺留分算定の基礎となる財産の範囲】
- 被相続人の相続開始前1年間に贈与した場合
- 被相続開始前1年以上前であっても，当事者双方が遺留分権利者の遺留分を侵害することを知って贈与した場合
- 当事者双方が遺留分権利者に損害を与えることを知りながら不相当な対価で譲渡した財産がある場合
- 相続人の婚姻，養子縁組，生計資本（事業資本）として贈与した場合

　遺留分の算定基礎となる財産に，それぞれの法定相続割合に遺留分の割合を乗じることで遺留分の計算をします。遺留分の割合は，直系尊属のみが相続人の場合は，財産の3分の1，それ以外の場合は財産の2分の1と決まっています。

　遺留分の計算＝遺留分計算の基礎となる財産×法定相続割合×遺留分割合

5　遺留分の放棄

　「生前に贈与を受けていて，生活が安定している」などを理由に，遺留分権利者は相続開始前に「遺留分の放棄」をすることができます。これは「相続の放棄」ではありませんので，注意してください。相続開始前とは被相続人が生存中の期間をいいます。遺留分放棄の手続をすれば家庭裁判所の許可を得て，あらかじめ遺留分を放棄することができます。他から強制された放棄ではないかなど慎重に判断をするため，家庭裁判所の許可を得たときに限り，遺留分の放棄を認めることとされています。なお，相続開始前に放棄することができるのは，「遺留分の放棄」です。「相続の放棄」は，相続開始前にすることができません。

　なお，複数の相続人がいる場合で，そのうちの1人がした遺留分の放棄は，他の相続人の遺留分になにも影響を与えません。つまり，誰かが遺留分を放棄しても他の相続人の遺留分が増えるといったことはありません。遺留分の放棄は，相続を放棄したわけではなく，遺留分放棄者も引き続き相続人であることには変わりはないため，遺留分の計算には影響がないということです。

　遺留分の放棄のためには，家庭裁判所に申立書，被相続人の戸籍謄本，申立人の戸籍謄本，審理のために必要な書類（財産目録など）を提出することになります。申立書には，遺留分を放棄する申立人と被相続人の本籍や住所などを記載します。申立書の「申立ての実情」の欄には，遺留分を放棄する理由を記載する必要があります。たとえば，新居を購入する際に資金を援助してもらったことや，すでに土地・建物を贈与してもらっていて，十分に収入があり生活が安定している，といった遺留分を主張する必要がない理由を記載します。そして，家庭裁判所の調査の便宜のために，生前贈与の財産目録や安定した生活を裏付ける資料などを提出します。

　遺留分放棄許可の申立書の文例は，次のとおりです。

受付印		家事審判申立書　事件名（　遺留分放棄の許可　）
		（この欄に申立手数料として1件について800円分の収入印紙を貼ってください。） 印　紙 （貼った印紙に押印しないでください。） （注意）登記手数料としての収入印紙を納付する場合は，登記手数料としての収入印紙は貼らずにそのまま提出してください。

収入印紙	円
予納郵便切手	円
予納収入印紙	円

準口頭　　関連事件番号　平成　　年（家　　）第　　　　　　号

○○家庭裁判所 御中 平成 ○ 年 ○ 月 ○ 日	申立人 （又は法定代理人など） の記名押印	甲　野　杉　男　㊞

添付書類	

		（戸籍の添付が必要とされていない申立ての場合は，記入する必要はありません。）	
申立人	本　籍 （国　籍）	○○　都道府⑲県　　○○市○○町○丁目○番地	
	住　所	〒 ○○○ － ○○○○　　　　　　　　電話　○○○（○○○）○○○○ ○○県○○市○○町○丁目○番○号 （　　　　　　方）	
	連絡先	〒　　　－　　　　　　　　　　　　　電話　　（　　　） （注：住所で確実に連絡ができるときは記入しないでください。） （　　　　　　方）	
	フリガナ 氏　名	コ　ウ　ノ　　　　ス　ギ　オ 甲　野　杉　男	大正 昭和　○ 年 ○ 月 ○ 日生 平成　（　○○　歳）
	職　業	会　社　員	
※ 被相続人	本　籍 （国　籍）	（戸籍の添付が必要とされていない申立ての場合は，記入する必要はありません。） ○○　都道府⑲県　　○○市○○町○丁目○番地	
	住　所	〒 ○○○ － ○○○○　　　　　　　　電話　　（　　　） ○○県○○市○○町○丁目○番○号 （　　　　　　方）	
	連絡先	〒　　　－　　　　　　　　　　　　　電話　　（　　　） （　　　　　　方）	
	フリガナ 氏　名	コ　ウ　ノ　　　　タ　ロ　ウ 甲　野　太　郎	大正 昭和　○ 年 ○ 月 ○ 日生 平成　（　○○　歳）
	職　業	無　職	

（注）　太枠の中だけ記入してください。
※の部分は，申立人，法定代理人，成年被後見人となるべき者，不在者，共同相続人，被相続人等の区別を記入してください。

申　立　て　の　趣　旨
被相続人甲野太郎の相続財産に対する遺留分を放棄することを許可する旨の審判を求めます。

申　立　て　の　理　由
1　申立人は，被相続人の長男です。
2　申立人は，以前，自宅を購入するに際し，被相続人から多額の資金援助をしてもらいました。また，会社員として稼働しており，相当の収入があり，生活は安定しています。
3　このような事情から，申立人は，被相続人の遺産を相続する意思がなく，相続開始前において遺留分を放棄したいと考えますので，申立ての趣旨のとおりの審判を求めます。

財　産　目　録

【土　地】

番号	所　在	地番	地目	地積（平方メートル）	備考
1	○○市○○町○丁目	○番○	宅地	150：00	建物1の敷地

財　産　目　録

【建　物】

番号	所　在	家屋番号	種類	構造	床面積（平方メートル）	備考
1	○○市○○町○丁目○番地	○番○	居宅	木造瓦葺平家建	90：00	土地1上の建物

財　産　目　録

【現金，預・貯金，株式等】

番号	品　目	単位	数量（金額）	備考
1	預貯金		約2570万円	

第2章　遺言書が見つかった場合

第 **3** 章

遺言書が見つからなかった場合
（遺産分割協議）

3-1 遺産分割協議

1 遺産は誰がもらえるのか

　被相続人が亡くなったとき，その財産は，相続人になる人がもらうことになります。では，相続人になることができるのは被相続人からみてどのような関係の人なのでしょうか。

　まず，相続財産をもらえる人は法律で定められていて，その人を「法定相続人」といいます。そして「法定相続人」は，配偶者相続人と血族関係のある相続人とに大きく分けることができます。配偶者相続人とは，被相続人の配偶者のことで，血族関係のある相続人とは，①被相続人の子又はその代襲者，②直系尊属（両親），③兄弟姉妹又はその代襲者のことを指します。なお代襲者とは，被相続人の子や兄弟姉妹が相続開始前に亡くなっている場合に，その子や兄弟姉妹の子どもが代わりに相続するときのその子どものことをいいます。

　まず，被相続人の配偶者は，常に相続人となります。ここでの配偶者は，法律上婚姻をしている配偶者のことをいいます。よって，内縁の妻や法律上婚姻をしていないものについては，たとえ被相続人と同居している場合や，被相続人の子どもの実の母親である場合でも，ここでいうところの配偶者には該当しません。

　被相続人の配偶者は常に相続人となりますが，血族相続人については常に相続人となれるわけではありません。血族相続人の場合，相続人となれる優先順位が決まっていて，その優先順位は，第一順位が被相続人の子又はその代襲者，第二順位が直系尊属，第三順位が兄弟姉妹又はその代襲者となっています。そして順位が一番上のもののみが，相続人となれます。

　被相続人が亡くなったときに，子どもがいれば，配偶者と子どもが相続人となります。子どもがいない場合には，配偶者と被相続人の両親が相続人となります。また，子どもがいなくて両親もともに亡くなっている場合には，配偶者

と被相続人の兄弟姉妹が相続人となります。つまり，相続人は，配偶者と子ども，配偶者と両親，配偶者と兄弟姉妹というような組み合わせとなります。

なお，配偶者が既に亡くなっている場合には，子どものみ，両親のみ，あるいは兄弟姉妹のみというように，一者のみが相続人となります。

また，子どもが亡くなっている場合で，その子どもに子どもがいる場合には，その子どもが代襲して相続することになります。

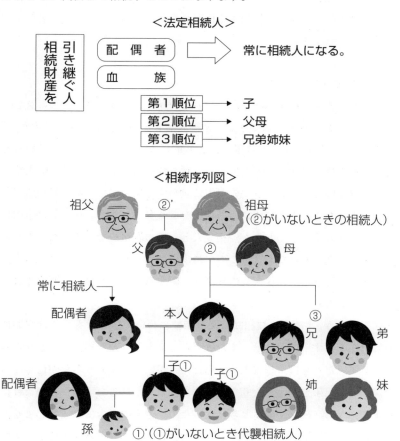

2　相続人でも相続人になれない場合

　相続人であれば必ず相続人になれるのかというと実はそうではなく，次の2つのような場合には相続人となる関係であっても相続人になれません。その2つとは，当然に相続人の地位をなくす「相続欠格」と家庭裁判所の審判によってなされる「相続人の廃除」による場合です。なお，「相続欠格」と「相続人の廃除」により，相続人の相続する権利が失われた場合には，その者の子どもが相続人となります。

(1)　相続欠格

　相続人が，相続財産を承継したくないと判断した場合には，自らの意思により相続の放棄をすることができる「相続放棄」という制度がありますが，「相続欠格」は，「相続放棄」とは違い，客観的にみて相続人としてふさわしくない行為をした場合に相続人の資格をはく奪される制度で，5つの相続欠格事由が定められています。この5つの事由に該当する場合には，家庭裁判所での手続を経ることなく，当然に相続人の資格をはく奪されます。相続欠格事由には次の5つがありますが，どれも，相続人としての資格をはく奪されて当然と思えるものばかりです。なお，5つの欠格事由は大きく2つに分かれていて，初めに説明する2つは被相続人等の殺害等に関するもので，後に説明する3つは遺言に関するものです。

　まず1つ目が，「故意に被相続人又は相続について先順位もしくは同順位にあるものを死亡するに至らせ，または至らせようとしたために刑に処せられたもの」です。たとえば，相続人に父母と兄弟がいて，そのうち父が亡くなった場合に，母や兄弟を殺害したり，殺害しようとしたりした場合などがこれに該当します。なお，故意であるときに限るため，過失の場合には該当しません。

　2つ目が，「被相続人が殺害されたことを知って，これを告発せず，又は告訴しなかったもの」です。ただし，被相続人を殺害したものが，相続人の配偶者である場合や，直系血族である場合には，告発や告訴をしないことも仕方が

ないという考えから，相続欠格事由に該当しないことになります。

3つ目が，「詐欺又は強迫によって，被相続人が相続に関する遺言をし，これを取り消し，又はこれを変更することを妨げたもの」で，4つ目が，「詐欺又は強迫によって，被相続人に相続に関する遺言をさせ，これを取り消させ，またこれを変更させたもの」です。また5つ目が，「相続に関する被相続人の遺言書を偽造し，変造し，破棄し，又は隠匿したもの」となっており，被相続人がする遺言の作成を詐欺や強迫により妨害しようとしたものや，遺言書の取り消しや変更をさせたもの，又は遺言書の偽造や変造を行ったものは相続欠格事由に該当します。ただし，これらの3つの事由は，相続人が不当な利益を得る目的がなければ相続欠格事由に該当しないこととされています。

(2) 相続人の廃除

相続欠格が家庭裁判所での手続によらず当然に相続人の資格をはく奪されるのに対し，「相続人の廃除」は被相続人が家庭裁判所に請求することによってなされます。「相続人の廃除」は，遺留分を持っている推定相続人だけが対象となります。遺留分を持っているのは，被相続人の配偶者，被相続人の子及び直系尊属であるため，被相続人の兄弟姉妹は対象となりません。これは，兄弟姉妹に相続財産を引き継がせたくない場合には，遺言でそれが可能になるためです。なお推定相続人とは，もしいま相続が発生した場合に相続をする権利があると予想される人のことです。

相続人の廃除をすることができる事由は，①推定相続人が被相続人に虐待したこと，②推定相続人が被相続人に重大な侮辱を加えたこと，③推定相続人にその他の著しい非行があったことの3つです。被相続人は，いつでも推定相続人の廃除の取消を家庭裁判所に請求することができます。

3　相続人が未成年の場合

　相続が発生した際，その相続人のなかに未成年者がいるということは，珍しいことではありません。相続をする権利に年齢の制限はないため，未成年者であっても相続をする権利はあります。そのため，相続人のなかに未成年者がいる場合には，未成年者も当然に相続財産の分割協議に参加する権利があり，遺産分割協議においては未成年者の同意も含めた相続人全員の話し合いが必要になります。

　ただし，遺産分割協議では法律上の問題も多く発生するため，判断能力が十分に備わっていないとみなされることが一般的である未成年者が単独で判断し，遺産分割協議のなかで話し合いに参加するのは通常困難です。そこで，相続人のなかに未成年者がいる場合には，その未成年者は直接遺産分割協議には参加できないこととされています。この場合は，原則的には未成年者の親権者が法定代理人となり，未成年者に代わって遺産分割協議に参加します。遺産分割協議書への署名・押印も，親権者が未成年者に代わって行います。

　ただし，親権者自身も未成年者と同様に相続人である場合には，親権者は法定代理人となることはできません。相続が発生し相続人に未成年者がいる場合には，その親権者も相続人に含まれていることのほうが多いため，ほとんどの場合には親権者は法定代理人となれないことになります。親権者が未成年者と同様に相続人である場合には，その親権者と未成年者は相続財産を分け合う関係にあるため，親権者が未成年者である子どもの利益を考えた正当な判断ができなくなる可能性があるためです。

　また，相続人に複数の未成年者がいる場合に，複数の未成年者にとっての親権者が同一のものであるときにも，その親権者は未成年者のうちいずれか1人の法定代理人となることはできますが，他方の未成年者の法定代理人となることはできません。

　このように，親権者が未成年者の法定代理人となれない場合には，未成年者のために特別代理人の申立てが行われます。特別代理人の申立ては，親権者が

申立人となり家庭裁判所に対して請求することにより行われます。その際，「特別代理人選任申立書」の提出が必要になります。なお，「特別代理人選任申立書」には特別代理人候補者を記載することになりますが，相続人以外でかつ成人であればよいため，未成年者の祖父母などの親族を記載しても問題ありません。

　親権者による申立てが行われると，家庭裁判所が特別代理人を選任します。選任された特別代理人は，遺産分割協議への参加や遺産分割協議書への署名・押印を未成年者に代わって行います。そのため，遺産分割協議は特別代理人が家庭裁判所によって選任されるまではできないことになります。

　なお，特別代理人が選任される場合には，相続税の申告も特別代理人が行うことになります。また，親権者が法定代理人となる場合には，未成年者が幼児など，意思能力がないと判断される場合には，親権者である法定代理人が相続税の申告を行うことになりますが，未成年者に意思能力があると判断される場合には，未成年者自らが相続税の申告を行います。

4　相続人が行方不明になっている場合

　相続人が行方不明になっている場合といわれても，あまり身近なこととして感じられないかもしれませんが，情報網が発達した現代においても，年間約8万人もの行方不明者が警察に届けを受理されているという状況があるため，決して他人事ではありません。

　遺産分割協議は，相続人全員での話し合いによる合意が必要ですが，相続人のなかに行方不明者がいる場合には，相続人全員での話し合いによる合意ができません。行方不明者を除いて遺産分割協議をしたとしても，その協議は無効となります。そのため，相続人のなかに行方不明者がいる場合には，行方不明者の代理人を選任することになります。

　代理人の選任は，その行方不明者の親族などの利害関係人が，家庭裁判所に対して「財産管理人」の選任を請求することによって行われます。このときに

請求をする家庭裁判所は行方不明者の住所地のある家庭裁判所となっていますが，行方不明者の住所地は知らないことが通常ですので，そのときにわかっている行方不明者の最後の住所地の家庭裁判所に対して請求することになります。選任された「財産管理人」は，家庭裁判所の許可を得て，行方不明者の代理人として遺産分割協議に参加します。

家庭裁判所に「財産管理人」の選任の請求をする際には，「不在者の財産管理人選任申立書」を提出します。「不在者の財産管理人選任申立書」には，申立人及び不在者の住所や氏名のほか，申立ての趣旨や，申立ての理由の記載などが必要になります。

また，行方不明者の生死が7年以上わからないときは，利害関係者は家庭裁判所に対して，失踪の宣告を求めることができます。失踪の宣告とは，その行方不明者を家庭裁判所に申立てをすることにより，法律上で死亡したものとする制度です。

失踪の宣告がされると，7年間の満了のときに行方不明者は死亡したものとみなされます。この場合には，原則として「財産管理人」を選任する必要はなく，その行方不明者の代襲相続人や配偶者が遺産分割協議に参加することになりますが，失踪の宣告を受けた行方不明者に，代襲相続人や配偶者がいるかどうかわからないような場合には，「財産管理人」が家庭裁判所により選任され，その「財産管理人」が遺産分割協議に参加します。

なお，失踪の宣告は法律上のものなので，失踪の宣告をされた行方不明者が実際には生きていたことや，失踪の宣告による死亡の日と違う日に死亡していたことが判明することもあります。この場合には，行方不明者本人又は利害関係人の請求により，家庭裁判所は失踪の宣告を取り消さなければなりません。

5 遺産分割協議とは

　被相続人が亡くなった場合に，その法定相続人が1人のみの場合には，相続財産はただちにその1人の相続人に承継されますが，法定相続人が複数人いる場合には相続財産を相続人全員がいったん共有で承継することになります。

　このとき，被相続人が遺言書を残してくれていれば，基本的には遺言書に記載されているとおりに相続財産を分割していくことになりますが，被相続人が遺言書を残していない場合，つまり財産の分割方法を決めていないときには，法定相続人全員の話し合いにより相続財産の分割方法を決めていくことになります。これを遺産分割協議といいます。

　遺産分割協議の成立には，分割内容について法定相続人全員の意見が一致することが必要で，相続人のうち1人でも納得できなければ成立しません。また，法定相続人全員が分割協議に参加することが必要で，1人でも遺産分割協議に参加しない場合には，その遺産分割協議は無効となってしまいます。遺産分割協議は時間や労力がかかるものですので，せっかく協議し決まったことが無効となってしまうのは避けたいところです。全員が同時に同じ場所に集まって協議する必要はありませんが，何らかの形で全員が遺産分割協議に関わっていることを確認しましょう。

　遺産分割協議は，法定相続人全員で行われるものであるため，その分割方法はどのような内容でも原則的には有効となります。また，遺言書がある場合は基本的には遺言書の内容に従って遺産分割の手続を進めていくことになりますが，遺言書がある場合でも法定相続人全員の合意があれば，遺言書の内容に従った分割方法によらなくてもよいとされています。

　遺産分割協議については，「いつまでにやらなければいけない」という決まりはありません。被相続人が亡くなった後の法律手続には，「期間内に必ずやらなければならない事項」と「期間の制限はないがしなければならない事項」がありますが，遺産分割協議は後者に該当します。ただし，この遺産分割協議を先延ばしにしてしまうと，相続関係者が増えたり相続関係者のそれぞれの事

情に変化があったりした場合は，うまくまとまるはずだった話し合いが台無しになってしまうこともあるため，遺産分割協議は早めにするようにしましょう。

なお，相続税の申告期限である相続開始から10か月以内に遺産分割を終えていない場合には，税務上問題が生じる可能性があるため，注意が必要です。

遺産分割協議により相続人全員による話し合いがまとまったら，遺産分割協議書を作成します。この遺産分割協議書は相続人全員が分割内容について納得したことを証明する効果があります。遺産分割協議書の作成は法的に要求されているものではありませんが，高額な相続財産の分割方法を口頭による合意だけとしておくのは後々トラブルに発展しかねません。遺産分割協議書を作成しておくと，遺産分割協議により分割内容を全員が合意したことの明確な証となります。

また，遺産分割協議書は，不動産登記手続や預金の名義変更手続の際に必要となるため，作成したほうがよいでしょう。遺産分割協議書については，第4章で詳しくみていきます。

遺産分割協議により相続人全員による話し合いがまとまらないこともあります。その場合には，家庭裁判所に分割を請求することになります。遺産分割協議がまとまらなかった場合の手続については，4-3で詳しくみていきます。

6 遺産分割の方法

遺産分割の方法には，遺産分割協議による方法，遺産分割協議でまとまらなかった場合には調停や審判による方法があります。それぞれの方法についての分割の態様として，現物分割や代償分割，換価分割，共有分割があります。

(1) 現物分割

遺産分割の方法のなかで，最もわかりやすく単純な方法でよく使われているのが「現物分割」です。これは，被相続人がもっている個々の財産を，そのままの形で相続人に分ける方法です。

たとえば，相続人が妻と長男と二男の3人の場合で，相続財産に不動産と，定期預金と，上場株式があったとします。この場合に，妻が不動産をもらい，長男が定期預金をもらい，二男が上場株式をもらうというように個々の財産をそのままの形でそれぞれ個別にもらう方法です。

　現物分割は，相続人全員の話し合いにより決定されるため，相続人全員が納得するのであれば，ある特定の財産を相続人のうちの1人が単独で取得したり，相続財産のすべてを特定の相続人が取得したりすることも可能です。つまり，相続放棄手続を経ることなく，実質的に相続放棄を行ったのと同じような形で遺産分割を行うことが可能になります。

　遺産分割協議により相続人全員が納得いくのであれば，この現物分割による方法は複雑な計算を要しないため，よく使われています。

　なお，現物分割による場合に，すべての財産についてその取得者が決定されることが一般的ですが，遺産分割協議により全員の納得いく分割方法がみつからなかった場合などには，一部についてのみ現物分割を行い，残りの財産についてはその後改めて話し合いにより決定することも可能です。

(2) 代償分割

　代償分割とは，財産を取得した相続人が，他の相続人に対して代償金を支払うことにより遺産分割を行う方法です。

　たとえば，相続人が長男と二男の2人で，相続財産が自宅不動産（時価1億円）のみの場合には相続財産を分けることは困難です。この場合に，たとえば長男だけが不動産を取得して二男は何も取得できないとなると二男は納得しないはずです。たとえば，長男が自宅不動産をもらい，二男に対しては長男から5,000万円を現金で支払ったり，もしくは自分の所有財産を二男にあげたりする方法によることで，相続人双方が納得いく形で自宅不動産を遺産分割できることになります。

　代償分割による場合には，代償金の支払いが必要になってくるため代償金を支払う側の支払能力を事前に検討しておく必要があります。また，相続財産の

評価額が正しいかどうかについてトラブルが生じることも考えられますが，分割をすることが困難な財産がある場合には，よく使われている方法です。

(3) 換価分割

　相続財産の種類や相続人の状況によっては，財産をそのままの形でもらうことが適切でないことも考えられます。たとえば，相続人が妻と長男の２人で，相続財産が不動産のみの場合に，妻も長男もどちらも不動産を必要としてないときは，不動産として取得するよりも現金として取得したいと考えることもあるでしょう。この場合には不動産を売却して現金に換金し，売却代金を相続人間で分配することができます。これを換価分割といいます。換価分割は，代償分割を行いたいが代償金の支払能力がないという場合にも使われています。

(4) 共有分割

　共有分割とは，取得した財産が不動産などのように物理的に分割できない場合等に，複数の相続人で財産を一緒に持つ方法です。たとえば，相続財産が不動産のみである場合にはその不動産を売却せずに残せるというメリットはありますが，その後に不動産の売却や建物の建て替えをする際には相続人全員の同意が必要になります。また，共有者の１人が亡くなったときはその相続人が新たに共有者となり関係者が複雑になるなどのデメリットも多いです。

3-2 戸籍謄本を集める

　相続手続の中で相続人が誰なのかを確定するために，被相続人と相続人との関係を図解で説明するための家系図である「相続人関係説明図」を作成することになります。その際，相続人を漏れなく特定するために，被相続人の出生から亡くなるまでのすべての戸籍謄本や除籍謄本を収集する必要があります。戸籍を出生まで遡ることで，被相続人が生まれてから現在の家族を作るまでに，誰か他の人と結婚して子どもがいないか，婚姻外での子どもを認知していないか，といった親族が知らない可能性のある事項を漏れなく確かめることができます。

　また，銀行預金や不動産の名義変更などの相続手続の際には，戸籍謄本の提出を求められるため，戸籍謄本の収集は大事な手続となります。

1 戸籍謄本の集め方

　初めに，相続人と被相続人の現在の戸籍謄本を取得します。相続人の戸籍謄本は，被相続人との関係を確認するために取得しますので，被相続人の戸籍の中にいる場合，一緒の戸籍謄本に記載されているため，被相続人と同一の戸籍謄本で関係性を確認することができます。また，相続人が結婚などを理由に新しい戸籍へ籍が移っている場合は，相続人の戸籍謄本と被相続人の戸籍謄本を別々に取得する必要があります。

　戸籍謄本の取得は，基本的に戸籍がある市区町村で取得します。住んでいる場所と本籍地が異なる場合は，本籍地の市区町村まで行って取得するか，郵送で発行申請を行うことができます。本籍地が遠方という場合もあるため，郵送での方法が認められています。

　戸籍謄本は，請求する戸籍の本人か配偶者（夫・妻）又は直系尊属（父・母など），直系卑属（子どもなど）が取得する場合には，親族関係が証明できれ

ば容易に取得することができます。また，親族以外の人が請求する場合には，委任状や取得する正当な理由があれば取得することができます。

　郵送で取得するためには，謄本請求の申請書，運転免許証などの身分を証明するもののコピー，切手を貼った返信用封筒を市区町村に送ることで申請することができます。郵送で手続する場合の手数料の支払方法は現金書留や郵便定額小為替を利用することができます。なお，謄本請求の申請書は，市区町村のホームページなどで様式が掲載されていたり，市区町村に申請書を送ってもらうように依頼をすることができます。市区町村によって様式が異なりますので，まずは各自治体のホームページで書式を探してみてください。

　なお，戸籍謄本の種類には，「現在の戸籍謄本」のほかに「除籍謄本」と「改製原戸籍謄本」があり，いずれも戸籍謄本の一種です。除籍謄本とは，戸籍の全員が亡くなっていたり，結婚して新しい戸籍に籍が移ったことなどを理由に，もともとの戸籍から全員がいなくなった状態で閉鎖された戸籍の謄本です。閉鎖された状態の戸籍の状態を証明した書面が除籍謄本となります。改製原戸籍謄本は，改正によって戸籍の様式が変更される前の戸籍謄本をいいます。

戸籍制度は、過去に民法改正があり戸籍の様式が変わり、現在の戸籍謄本は横書きのコンピュータ印字となっています。改製原戸籍謄本は、前掲の様式のとおり縦書きのコンピュータ印字又は手書きとなっています。

2　戸籍謄本の見方

次に、被相続人山田一郎さんの戸籍謄本を例に、戸籍謄本の見方を説明します。

（イ）は、「戸籍に記録されている者」の被相続人山田一郎さんの欄に被相続人の情報が載っています。山田一郎さんの父が山田洋一さん、母が山田松子さんであるということがわかります。

（ロ）は、身分事項の【従前戸籍】には、「鹿児島県鹿児島市○○町○丁目○番地　山田洋一」と記載されています。これは、この戸籍の前に被相続人の山田一郎さんは、父山田洋一さんの戸籍に籍があったということを意味します。また、【婚姻日】を見ると、昭和45年5月25日に妻である花子さんと結婚したことがわかります。この婚姻によってこの新しい戸籍が作られ、それ以前の戸籍は鹿児島にある父山田洋一さんの戸籍にあったということがわかります。そのため、次に遡る謄本は鹿児島の父山田洋一さんが戸籍筆頭者とされる戸籍謄本となります。

（ハ）は、山田一郎さんの妻である山田花子さんの情報が記載された欄です。

（ニ）は、山田一郎さんの子どもである長女梅子さんの情報が記載された欄です。梅子さんは結婚しているため、「除籍」と記載がされています。新しい戸籍に籍が移っているため、梅子さん自身の戸籍謄本を確認することで、現在の梅子さんの戸籍状況を確認することができます。

今回の例はあまり複雑ではありませんが、被相続人が地方の出身者だったり、転勤などで何回も引っ越していて戸籍を移している場合など、実務上は戸籍をたどる作業が難しいこともあります。そういった場合には、弁護士、司法書士、税理士などの専門家に戸籍謄本の手配の代行を依頼することもできます。

戸籍事項全部証明書

全部事項証明

本籍	東京都北区〇〇×丁目×番地	
氏名	山田　一郎	
戸籍事項 　戸籍改製	【改製日】平成〇年〇月〇日 【改製事由】平成6年法務省令第51号附則第2条第1項による改製	
(イ) 戸籍に記録されている者 除　籍	【名】一郎 【生年月日】昭和〇年〇月〇日 【父】山田　洋一 【母】山田　松子 【続柄】長男	【配偶者区分】夫
(ロ) 身分事項 　出　生 　婚　姻 　死　亡	【出生日】昭和〇年〇月〇日 【出生地】鹿児島県鹿児島市 【届出日】昭和〇年〇月〇日 【届出人】父	
	【婚姻日】昭和45年5月25日 【配偶者氏名】鈴木　花子 【従前戸籍】鹿児島県鹿児島市〇〇町〇丁目〇番地　山田　洋一	
	【死亡日】平成〇年〇月〇日 【死亡時分】午後〇時〇分 【死亡地】東京都北区 【届出日】平成〇年〇月〇日 【届出人】親族　山田　花子	
(ハ) 戸籍に記録されている者	【名】花子 【生年月日】昭和〇年〇月〇日 【父】鈴木　幸一 【母】鈴木　亮子 【続柄】二女	【配偶者区分】妻
身分事項 　出　生 　婚　姻	【出生日】昭和〇年〇月〇日 【出生地】大分県大分市 【届出日】昭和〇年〇月〇日 【届出人】父	
	【婚姻日】昭和45年5月25日 【配偶者氏名】山田　一郎 【従前戸籍】大分県大分市〇〇町〇丁目〇番地　鈴木　幸一	
(ニ) 戸籍に記録されている者 除　籍	【名】梅子 【生年月日】昭和〇年〇月〇日 【父】山田　一郎 【母】山田　花子 【続柄】長女	
身分事項 　出　生 　婚　姻	【出生日】昭和〇年〇月〇日 【出生地】東京都北区 【届出日】昭和〇年〇月〇日 【届出人】父	
	【婚姻日】平成〇年〇月〇日 【配偶者氏名】田中　太郎 【従前戸籍】東京都北区〇〇町〇丁目〇番地　山田　一郎	

3　相続関係説明図

　すべての戸籍謄本を確認したら，次に，相続人関係説明図を作成します。関係図は，次のような様式で作成します。

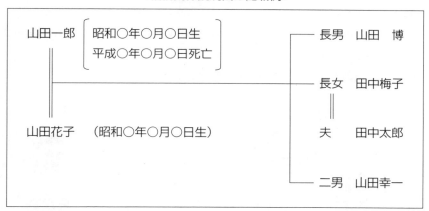

＜相続関係説明図の記載例＞

　相続人関係説明図は，手書きでもパソコンで作成しても問題ありません。書き方は特に法律で定められているわけではありませんが，ある程度慣習などによって書き方が決まっています。たとえば相続関係を示す罫線ですが，婚姻関係がある場合には二重線，親子関係や婚姻外で子供がいる場合には単線を引きます。離婚経験がある場合には，二重線に×印をつけて，離婚が成立した年月日を書き込みます。また，身分関係は戸籍謄本に記載されている「続柄」を参考にして記載します。

4　法定相続情報証明制度

　「法定相続情報証明制度」という新しい制度が，平成29年5月から運用開始されました。従来，相続手続では不動産登記の変更や銀行預金の払戻，名義変更などのたびに，戸籍書類の束を各機関に提出し，手続後に戸籍謄本を返却し

てもらってまた別の相続手続で使用する・・・といった手間のかかる手続がありました。このような相続手続の負担を軽減して，相続登記を促進するために，法定相続情報証明制度が導入されました。

　この制度を利用すると，登記所から無料で必要な部数の法定相続情報一覧図の写しを交付してもらうことができます。この法定相続情報一覧図の写しを被相続人の誕生から死亡までのすべての戸籍謄本の束の代わりに提出することで，名義変更などの手続をすることができるため，いくつも相続手続がある場合に便利な方法となります。

　なお，従来の方法も引き続き認められています。

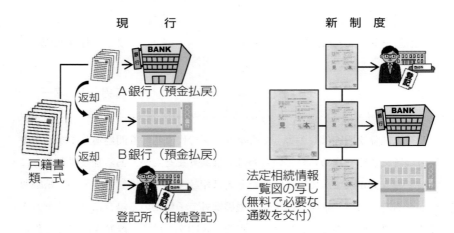

　法定相続情報証明制度は，被相続人の誕生から死亡までのすべての戸籍謄本から読み取れる相続人の全員を一覧図にし，その内容の確認と保存を法務局に依頼して，法定相続情報の一覧図の写しを発行してもらう制度です。この制度は，無料で利用することができます（戸籍謄本の取得や郵送などの手続で別途料金がかかります）。

　法定相続情報証明制度を利用するためには，「必要書類の収集」，「法定相続情報一覧図を作成」，「申出書の記入，登記所への提出」の大きく3つの手続が必要となります。

(1) 必要書類の収集

手続にあたっては，次の書類を用意する必要があります。

- 被相続人の戸籍謄本など（被相続人の本籍地の市区町村で入手）
- 被相続人の住民票の除票（被相続人の最後の住所地の市区町村で入手）
- 相続人全員の戸籍謄抄本（各相続人の本籍地の市区町村で入手）
- 申出人（相続人代表となって手続を進める人）の氏名・住所を確認することができる公的書類（運転免許証・マイナンバーカードのコピーや，住民票の写しなど）

(2) 法定相続情報一覧図の作成

次に，被相続人と法定相続人を一覧にした図を作成します。戸籍の記載から判明する法定相続人をすべて記載することになります。法定相続情報一覧図は，Ａ４縦の用紙サイズの白い紙を使用して作成します。パソコンでの作成，ボールペンなど手書きの作成でも問題ありません。次の図は法定相続情報一覧図の記載例ですので，参考にしてください。

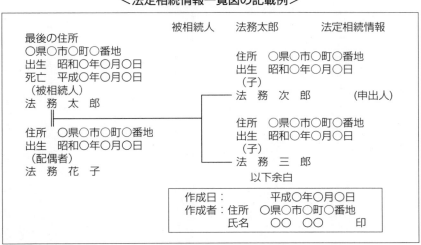

＜法定相続情報一覧図の記載例＞

記載例に記載されている相続人の住所は任意です。記載する場合には，その相続人の住民票記載事項証明書が必要となります。また，仮に相続放棄した相続人がいる場合にも一覧図には氏名・生年月日・続柄の記載が必要となります。

(3)　申出書の記入，登記所への提出

　最後に「法定相続情報一覧図の保管及び交付の申出書」を作成します。

　作成した申出書と「(1)　必要書類の収集」で用意した戸籍謄本など，(2)の手続で作成した「法定相続情報一覧図」を揃えて登記所へ提出します。提出は郵送によることもできます。申出の手続後，登記所が提出書類の不足や誤りがないことを確認し，認証文付きの法定相続情報一覧図の写しが交付され，戸籍謄本などが返却されて手続は完了です。一覧図の写しが追加で必要となった場合には5年以内であれば再交付をすることもできます。

　なお，手続の時間がとれない場合は，申出の手続は専門家に作成を依頼することができます。依頼することができる専門家は，弁護士，司法書士，税理士などです。専門家のほか，申出の手続を依頼することができるのは，申出人の親族に限られています。

＜法定相続情報一覧図の保管及び交付の申出書の記載例＞

法定相続情報一覧図の保管及び交付の申出書

（補完年月日 平成　　年　　月　　日）

申出年月日	平成　　年　　月　　日	法定相続情報番号	－　　－
被相続人の表示	氏　名 最後の住所 生年月日　　　　年　　月　　日 死亡年月日　　　年　　月　　日		
申出人の表示	住所 氏名　　　　　　　　㊞ 連絡先　　－　　－ 被相続人との続柄　（　　　　　　）		
代理人の表示	住所（事務所） 氏名　　　　　　　　㊞ 連絡先　　－　　－ 申出人との関係　□法定代理人　　□委任による代理人		
利用目的	□不動産登記　□預貯金の払戻し □その他（　　　　　　　　　　　　　　　　　　　　　）		
必要な写しの通数・交付方法	通　（　□窓口で受取　□郵送　） ※郵送の場合，送付先は申出人（又は代理人）の表示欄にある住所（事務所）となる。		
被相続人名義の不動産の有無	□有　　（有の場合，不動産所在事項又は不動産番号を以下に記載する。） □無		
申出先登記所の種別	□被相続人の本籍地　　　□被相続人の最後の住所地 □申出人の住所地　　　　□被相続人名義の不動産の所在地		

　上記被相続人の法定相続情報一覧図を別添のとおり提出し，上記通数の一覧図の写しの交付を申出します。交付を受けた一覧図の写しについては，相続手続においてのみ使用し，その他の用途には使用しません。
　申出の日から3か月以内に一覧図の写し及び返却書類を受け取らない場合は，廃棄して差し支えありません。

　　　　　　　　（地方）法務局　　　　　支局・出張所　　　　　　　宛

※受領確認書類(不動産登記規則第247条第6項の規定により返却する書類に限る。)
戸籍（個人）全部事項証明書（　　通），除籍事項証明書（　　通）戸籍謄本（　　通）
除籍謄本（　　通），改製原戸籍謄本（　　通）戸籍の附票の写し（　　通）
戸籍の附票の除票の写し（　　通）住民票の写し（　　通），住民票の除票の写し（　　通）

受領	確認1	確認2	スキャナ・入力	交付		受取

第3章　遺言書が見つからなかった場合

3-3 相続財産を確定する

　被相続人が亡くなったときにまず相続人がしなければいけないことは，相続財産を確定させることです。なぜなら，相続財産を確定させないとさまざまな問題が生じるからです。

　たとえば，相続財産の範囲について曖昧なまま，相続財産をどのように分けるかを決める遺産分割協議を終えてしまった場合には，後日，ほかにも相続財産があることが判明すると遺産分割協議をやり直さなければならなくなることが考えられます。

　また，被相続人の財産を一切引き継がないこととする「相続放棄」や，資産の範囲内で負債を引き継ぐ「限定承認」の手続を行う場合には（3-4で詳しくみていきます），原則として相続の開始日から3か月以内に行わないといけません。3か月以内に「相続放棄」や「限定承認」の手続が行われなかった場合には，相続人のすべての資産と負債を承継する「単純承認」を選択したものとみなされることになります。相続人にとって不利な結果とならないためにも，相続財産を確定させる作業は相続の開始日から3か月以内に終えるようにしましょう。

　さらに，相続税の申告は，相続財産をすべて把握したうえで正しい相続税額を計算し申告を行うことになりますが，相続税の申告を終えた後になって新たな財産がみつかった場合には，もう一度申告をしなければならなくなりますし，延滞税や加算税が課されることがあります。特に被相続人が高齢の場合には，自分の財産管理が十分にできていないことが考えられるため，生前に相続財産について話を聞いていた場合や，遺言書を作成してくれていた場合にも，その話や遺言書に記載されている財産がすべてとはかぎらないため，相続人自身でしっかりと相続財産を調査し把握することが大切です。

　しかし，相続財産を網羅的に把握し確定させる作業は，簡単ではありません。特に，生前に被相続人の財産を相続人のほうで管理していなかった場合には，

この作業はより難しくなることが考えられます。そのような場合には，まずは自宅の金庫やタンス，机等に財産を特定するヒントとなるものがないかを確認するとよいでしょう。さらに貸金庫を利用していた場合には，そのなかを確認することで，ヒントとなる書類などがみつかることがあります。

　また，被相続人に届く郵便物は，被相続人が利用していた銀行や証券会社，保険会社を特定する手掛かりになります。銀行や証券会社等の金融機関は，相続人が問い合わせをすることで取引の有無を教えてくれます。もし取引があった場合には，相続開始日時点の残高がわかる残高証明書を発行してもらい，預金や有価証券等の残高を把握するようにしましょう。残高証明書を発行してもらう際，亡くなった日以前の入出金の取引履歴も同時に入手することをおすすめします。それにより，上場株式の配当金があることや，保険会社からの入金があることが確認できれば，もととなる財産を把握できるかもしれません。また，他の金融機関にも口座をもっていることや不動産を所有していることが判明することもあります。

　不動産の所有の有無やその面積や構造等を確かめるためには，登記簿謄本を入手するとよいのですが，登記簿謄本を入手するには，土地や建物の所在地や地番，家屋番号等の詳細な情報を申請書に記載する必要があります。ただし，所在地等の詳細な情報が不明ということも考えられます。その場合には，不動産を所有していると考えられる市区町村で名寄帳を交付してもらい，被相続人の名前で登録されている不動産の有無を確認するとよいでしょう。名寄帳は，申請すればすぐに発行してもらうことができます。

　被相続人が所得税の確定申告を行っていた場合には，被相続人の確定申告書を確認することも大切です。収入の内容を確認することで，どのような財産をもっていたかを把握することが可能となります。

　相続財産の確定作業は，ここまですればすべて十分に網羅できるというものではありませんが，最善を尽くすようにしましょう。

1　相続財産はプラスだけでなくマイナスもある

　相続財産と聞いてまっさきに思い浮かべるのは，不動産や現預金，有価証券のように財産的価値のある資産（プラスの財産）ではないでしょうか。一方で，借入金や保証債務等の債務（マイナスの財産）については，相続財産に含まれないと思っている方もいることでしょう。

　しかし，相続財産とは被相続人に属していた一身専属権を除く一切の権利義務とされています。権利とは資産のことで，義務とは負債のことを指します。そのため，プラスの財産だけでなくマイナスの財産も引き継がなければなりません。

　一身専属権とは，医師免許や運転免許，簿記などの資格，年金受給資格，労働の義務などのように被相続人本人でなければ成立しないものや認められないもので，他人に譲ることができないものをいいます。この一身専属権は，相続財産には含まれず被相続人が亡くなったときに消滅することになるため，相続人にこれらの権利義務が引き継がれることはありません。

　まず，プラスの相続財産としてすぐに思い浮かぶものには，土地や建物といった不動産，現預金や家財道具，自動車，宝石や骨とう品，貴金属，美術品などの形のある財産があげられます。しかし，それだけではありません。一身専属権に該当するもの以外で，金額に換算できるものはすべてプラスの相続財産に該当します。そのため，株式などの有価証券（上場株式だけでなく，取引相場のない個人経営の会社の株式も含みます），ゴルフ会員権，土地や建物を借りている場合の借地権や借家権，他人にお金を貸しているときの貸付金や売掛金についても相続財産に含まれることになります。他にも特許権や著作権など財産的価値のあるすべての資産が相続財産として引き継がれることになります。

　また，被相続人が生前に愛用していた衣服などを形見分けで相続人に分けることがありますが，その際の衣服についてまで相続財産に含めるかどうか問題となることがあります。過去に争われた裁判例では，交換価値がないものや，

相続財産として不動産や商品，衣服等が多額にあった場合にそのうち僅かなものを分けることは相続財産の処分に該当しないが，被相続人の相続財産である衣服や靴，家具などのほとんどすべてを持ち帰った場合に，その遺品のなかに一定の財産的価値を有しているものがあれば，それは形見分けを超えるものとして相続財産の処分に該当するとされています。

次に，マイナスの相続財産には，どのようなものがあるかみていきましょう。これは，住宅ローンなどの借入金や，未払いとなっている所得税・住民税，家賃や医療費などがあります。

たとえば，被相続人が生前に不動産を購入している場合には，金融機関から借入を行っていることがほとんどですが，このときに借入金を完済せずに亡くなった場合の借入金の残額はマイナスの相続財産になります。また，被相続人が生前に入院していた場合に病院に対する未払いの医療費があれば，これもマイナスの財産として引き継ぐことになります。

被相続人が生前に借入金の保証人になっている場合などの保証債務についても引き継がなければならないマイナスの財産に該当します。

ただし，マイナスの財産のうち被相続人の一身に専属したものは，相続財産の対象には含まれません。たとえば，身元保証の義務がこれに該当します。

身元保証の義務が相続されないのは，身元保証の地位が，個人と個人の信頼関係によって引き受けられるものだからです。

2　生命保険金や退職金は相続財産になるか

被相続人が生前に生命保険に加入していた場合には，相続人が保険会社から直接保険金を受け取ることがあります。

また，被相続人が企業等で勤務していた場合に，その在職中に亡くなったときは企業等から遺族に対して退職金が支払われることがあります。

これらの生命保険金や退職金の受給権については相続財産に該当するかがよく問題となりますが，生命保険金の受け取りは，被相続人からではなく保険会

社から直接受け取ることになります。また退職金についても，被相続人の遺族が企業等から直接受け取るものです。そして，誰が生命保険金や死亡退職金を受け取るかについては，契約や退職金規定で通常決まっているため，生命保険金や死亡退職金は受取人固有の財産としてみることができます。そのため，生命保険金や死亡退職金については相続財産とはならず，遺産分割の対象にもなりません。

なお，相続税法上は，みなし相続財産として相続税の課税対象とされます。

(1) 生命保険金

生命保険金は相続財産となりません。そのため，遺産分割協議で，生命保険金の分け方について議論になることはありません。

なお，保険契約者及び被保険者が被相続人で，受取人を相続人のなかの特定のものではなく単に相続人としている場合であっても，相続財産には含まれず，相続人が法定相続分で取得することになります。

一方で，保険契約者及び被保険者，受取人がすべて被相続人の場合には被相続人がいったん生命保険金を取得することになるので，この場合には，相続財産の対象になります。

(2) 退 職 金

通常，死亡退職金を受け取ることができる人は，法律や退職金規定で定められていて，受取人は自動的に確定します。そのため，生命保険金と同様，死亡退職金の受け取りが遺産分割協議の対象となることはありません。一方で，法律や退職金規定で受け取り人が指定されていない場合には，遺産分割協議の対象となることがあります。

なお，被相続人が生前に企業を退職していたときは，相続開始後に退職金の支給を受ける場合であっても，未収の退職金として相続財産に含まれます。

3　名義の違う財産はどうなる？

　相続財産の名義は被相続人の名義となっていることが通常ですが，被相続人が子ども名義の預金口座を作り，その口座に被相続人が預入をしている場合や，土地を購入した際に子ども名義で登記していることは珍しくはありません。

　このように，財産の実質的な所有者と財産の名義人が違う場合には，その財産が相続財産となるかどうかが問題となりますが，相続財産は，金銭に見積もることのできる経済的価値のあるものすべてをいうため，その財産の実質的な所有者が被相続人であれば，たとえ名義が被相続人以外の子どもや配偶者の場合であっても，相続財産に含めることになります。実質的な所有者が誰かを判断する際には，金銭的な負担をしたのは誰かということが1つの判断基準となります。

　相続税の申告においても相続財産になるかどうかは，名義ではなく実質で判断されます。したがって，名義が異なるからといって相続財産に含めておらず，その後の税務調査によって指摘された場合には，加算税や延滞税が発生するため，名義の違う財産については，実質的な所有者が誰であるかをしっかり把握する必要があります。

3-4 相続の方法は3つある

　相続とは被相続人の一切の権利義務である資産・負債を引き継ぐことをいいます。つまり，預金や不動産のようなプラスの財産だけではなく，借金などのマイナスの財産も相続の対象となることになります。相続の状況によっては，残された財産が債務超過（借金などの負債が資産を上回る状態）ということも考えられます。債務超過の状態で相続人がすべての資産と負債を相続してしまうと，負債のほうが多いですから，引き継いだ相続人が自分の財産の中から借金などの負債を返済しなければならないことになります。

　このような相続は，できたらしたくないですよね。

　そこで，相続ではこのような個々の事情を考慮して，「単純承認」，「限定承認」，「相続放棄」という3つの方法を用意しています。

　たとえば，相続財産が債務超過の状態で，相続自体をしたくないというような場合には，相続人が「相続放棄」という手続をすれば，財産を一切引き継がないことができます。

　また，資産と負債のどちらが多いかわからないような場合には，「限定承認」を選択すると，相続財産のうち一部の財産を引き継ぐことができますし，すべての資産・負債を引き継ぎたいという場合には「単純承認」を選択することになります。

　これら3つの相続の方法のうち，単純承認は特段手続が必要ありませんが，限定承認と相続放棄は，決められた期限内に限定承認・相続放棄するための手続が必要です。

　それでは，3つの相続の方法について詳しく説明していきます。

1　単純承認

　単純承認とは，プラスの財産とマイナスの財産をすべて引き継ぐことです。相続の開始があったことを知った日（被相続人が死亡した日や死亡の通知を受けた日など）から3か月以内に限定承認又は相続放棄の手続をしなければ，法律的に単純承認したものとみなされます。つまり，単純承認は特段の手続は必要ありません。

　なお，限定承認・相続放棄をしたいと思っていても，次の場合には，単純承認を選択したものとみなされますので，注意が必要です。

(1) 相続人が相続財産の全部又は一部を処分したとき

　「相続財産を処分したとき」とは，たとえば被相続人の預金を使って借金の一部を返済した場合や，債権の取り立てを行ってお金を受け取った場合などです。ただし，相続財産に一切手をつけてはいけないとすると，残された家族の生活がたちゆかなくなってしまうため，葬儀費用の支出や治療費の支払など，常識の範囲内の支出であれば，直ちに単純承認とみなされない事例もありますが，相続放棄や限定承認をしたい場合には，基本的には被相続人の財産には手をつけないようにしたほうがよいでしょう。

(2) 相続人が限定承認又は相続放棄をした後でも，相続財産の全部又は一部を隠匿し消費した場合や，意図的に財産目録にすべての財産を記載しなかったとき

　この場合は，財産目録に記載しなかった財産とは資産だけでなく，負債も含まれますので，財産目録には漏れなくすべての財産を記載する必要があります。

2　限定承認

　限定承認とは，プラスの財産を限度にマイナスの財産を引き継ぐ方法です。プラスの財産からマイナスの財産を差し引いた結果，プラスの財産が残ればその財産を引き継ぎます。反対にマイナスの財産が残れば，残ったマイナス部分の財産は引き継がないことができます。たとえば，被相続人が事業を行っていて借金がある場合など，相続人である子どもが相続を放棄してしまうと事業を継続できないといったことがありますが，限定承認を選択すれば，プラスの財産を限度に相続するため，資産を限度とする借金を返済しつつ，事業を継続することも可能です。

(1) 限定承認の手続期限

　限定承認の場合は，相続人が相続の開始があったことを知ったときから3か月以内に手続をしなければなりません。相続財産の調査をして，債務超過になっているかどうかなどを確認する期間として3か月の熟慮期間が設けられています。もしも，3か月以内に調査が終わらないような場合や，単純承認・限定承認・相続放棄のいずれの方法を選択するか決められない場合には，家庭裁判所に期間の伸長を請求すれば，手続期限を3か月間伸ばすことができます。

(2) 誰が限定承認の手続をするのか

　限定承認は，相続人全員が共同して手続をする必要があります。そのため，相続人が複数人いる場合には，全員で手続をしなければなりません。仮に，限定承認を希望する相続人にだけ限定承認を認めてしまうと，弁済すべき負債と放棄する負債の分割が必要になったり，負債の清算手続が煩雑になったりと，手続が複雑化してしまうため，法律上は相続人全員で限定承認手続をしなければならない，という決まりになっています。

　相続人のなかで限定承認を希望する人と単純承認を希望する人がいる場合は，限定承認を選択することができません。どうしても負債を引き継ぎたくないと

いう場合は，相続放棄を選択する必要があります。

(3) 限定承認手続の方法

　限定承認をする場合は，3か月以内に「限定承認の申述申立書」と「財産目録」を作成し，戸籍謄本などの書類と一緒に家庭裁判所に提出する必要があります。提出する家庭裁判所は被相続人の最後の住所を基準として決まります。

　限定承認の申述申立書には，まず被相続人の本籍・住所などを記載し，申述が期間内（3か月以内）であることを明確にするため，相続開始を知った日（被相続人が亡くなった日など）を記載します。また，限定承認を選択する理由も記載する必要があります。たとえば被相続人に相当の債務があり，資産を限度に債務を弁済することとしたい旨などを記載します（次ページ参照）。

　財産目録には，資産・負債を漏れなく正確に記載しなければなりません。記載漏れがあったり，意図的に財産を隠して記載をしないと，単純承認とみなされてしまうことがあるので，気をつけて財産目録を作成してください。

　限定承認の申述が受理されると，相続人は相続財産の清算手続を行わなければなりません。受理後5日以内に，限定承認をしたことと債権者へ債権の請求をすべき旨の公告（官報に掲載）が必要です。なお，相続人が複数の場合は，限定承認の受理と同時に相続財産管理人が選任されます。この場合には，公告の期限は10日以内となります。その後，法律にしたがって債務の弁済など清算手続が行われます。

＜限定承認の申述書＞

受付印	家 事 審 判 申 立 書　事件名（　　相続の限定承認　　）
	（この欄に申立手数料として1件について８００円分の収入印紙を貼ってください。） 印　紙 （貼った印紙に押印しないでください。） （注意）登記手数料としての収入印紙を納付する場合は、登記手数料としての収入印紙は貼らずにそのまま提出してください。
収入印紙　　　　円 予納郵便切手　　円 予納収入印紙　　円	

準口頭	関連事件番号　平成　　年（家　　）第　　　　　号

○○　家庭裁判所 御 中 平成○年○月○日	申立人 （又は法定代理人など） の記名押印	甲　野　一　郎　㊞ 甲　野　二　郎　㊞

添付書類	

申述人（申印）

本　籍 （国　籍）	（戸籍の添付が必要とされていない申立ての場合は、記入する必要はありません。） ○○　都道府県　○○市○○町○丁目○番地
住　所	〒○○○－○○○○　　電話　○○○（○○○）○○○○ ○○県○○市○○町○丁目○○番○○号 （　　　　　　方）
連絡先	〒　　－　　　　電話　（　　） （注：住所で確実に連絡ができるときは記入しないでください。） （　　　　　方）
フリガナ 氏　名	コ　ウ　ノ　　イ　チ　ロ　ウ 甲　野　一　郎	大正 昭和　○年○月○日生 平成 （　○○　歳）
職　業	会　社　員

※ 申述人

本　籍 （国　籍）	（戸籍の添付が必要とされていない申立ての場合は、記入する必要はありません。） 都道府県　申述人一郎の本籍と同じ
最後の 住　所	〒○○○－○○○○　　電話　○○○（○○○）○○○○ ○○県○○市○○町○丁目○番○号○○マンション○○○号室 （　　　　　　方）
連絡先	〒　　－　　　　電話　（　　） （　　　　　方）
フリガナ 氏　名	コ　ウ　ノ　　ジ　ロ　ウ 甲　野　二　郎	大正 昭和　○年○月○日生 平成 （　○○　歳）
職　業	会　社　員

（注）　太枠の中だけ記入してください。
※の部分は、申立人、法定代理人、成年被後見人となるべき者、不在者、共同相続人、被相続人等の区別を記入してください。

※ 被相続人	本　籍	都　道 　　　　府　県　　申述人一郎の本籍と同じ	
	最後の 住　所	〒　　－ 　　　　　申述人一郎の住所と同じ （　　　　　　　　　　　　方）	
	フリガナ 氏　名	コ　ウ　ノ　　　　タ　ロ　ウ 甲　野　　太　郎	大正 昭和　○年 ○月 ○日生 平成 （　　　　歳）
※	本　籍	都　道 　　　　府　県	

申　立　て　の　趣　旨

被相続人の相続につき，限定承認します。

申　立　て　の　理　由

1　申述人らは，被相続人の子であり，相続人は申述人らだけです。

2　被相続人は，平成○年○月○日死亡してその相続が開始し，申述人らはいずれも被相続人の死亡当日に相続の開始を知りました。

3　被相続人には別添の遺産目録記載の遺産がありますが，相当の負債もあり，申述人らはいずれも相続によって得た財産の限度で債務を弁済したいと考えますので，限定承認をすることを申述します。

（申述人が複数の場合）

　なお，相続財産管理人には，申述人の甲野一郎を選任していただくよう希望します。

相続放棄

相続放棄とは，相続財産の一切の権利義務を引き継がない方法です。多額の借金がある場合など，財産を引き継ぎたくない場合に相続放棄を選択します。

(1) 相続放棄の手続期限

相続放棄をする場合は，相続放棄をしたい相続人が相続の開始があったことを知った時から3か月以内に手続をしなければなりません。限定承認と同様に，家庭裁判所へ期間の伸長を請求すれば，期限を3か月間伸ばすことができます。

(2) 誰が相続放棄の手続をするのか

限定承認と異なり，相続人全員が共同で手続する必要はなく，相続放棄を希望する相続人がそれぞれ手続をすることができます。相続放棄をした人は，その相続に関して，初めから相続人ではなかったとみなされます。そのため，相続放棄によって，次の順位の親族が新たに法定相続人となります。

(3) 相続放棄手続の方法

相続放棄する場合は，3か月以内に「相続放棄申述書」を作成し，戸籍謄本などの書類と一緒に家庭裁判所に提出する必要があります。

相続放棄の申述申立書には，まず被相続人の本籍・住所などを記載し，申述が期間内（3か月以内）であることを明確にするため，相続開始を知った日（被相続人が亡くなった日など）を記載します。また，相続放棄を選択する理由の記載が必要です。相続放棄の理由は，債務超過（負債が資産を上回っている状態）や，生前に十分な贈与を受けている，生活が安定している，遺産が少ない，遺産を分散させたくない，といった理由があげられます。次ページに掲載した記載例を参考にしてください。

＜相続放棄の申述書＞

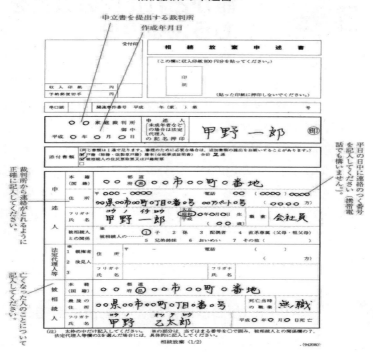

第3章 遺言書が見つからなかった場合

3-5 誰がどれだけの遺産をもらえるのか

　相続人が確定し，相続財産が明確になったら，次は相続財産を誰がどれだけ相続するかを決めていきます。遺言書がある場合は，遺言書に従って相続財産を分けていくことになりますが，遺言書がない場合には相続人同士で話し合って決めていくことになります。これを遺産分割協議といいます。

　遺産分割協議では「誰が何をどのくらいもらうのか」を話し合いますが，その割合を決める際には，「法定相続分」といって民法で定められた割合を目安にすることが多いです。しかし，必ずしも法定相続分に従って相続財産を分けなければいけないわけではなく，相続人同士の合意があれば，自由に相続財産を分けることが可能です。ここでは，相続財産の分割について詳しく説明していきます。

1　話し合いがつけば，分割の割合は自由

　遺言書がない場合には，法定相続分をもとに相続財産を分ける方法があります（法定相続分については「3-5　2　法定相続分」で詳しく説明します）。
　しかしながら，必ずしも法定相続分どおりに分けなければいけないわけではありません。遺産の分割については，民法では次のように定められています。

> **906条**　遺産の分割は，遺産に属する物又は権利の種類及び性質，各相続人の年齢，職業，心身の状態及び生活の状況その他一切の事情を考慮してこれをする。

　つまり，法定相続分の割合はあくまで一定の基準にすぎず，分割は相続人の個々の事情を考慮して，相続人同士で決めていくことができるということです。最終的には，遺産分割協議がまとまれば，自由に配分しても問題ありません。

2　法定相続分

　相続人同士で自由に分割することができるといっても，遺言書がない場合，一から分け方を決めるのは大変難しい作業です。そこで，一般的には民法で定められている「法定相続分」が分割の目安とされています。法定相続分とは，法定相続人（相続する権利がある人）が財産を相続する割合のことで，次のように定められています。

<法定相続分一覧>

法定相続人の組み合わせ	配偶者以外の相続順位	法定相続分	
		配偶者	配偶者以外
配偶者と子ども	第1順位	$\frac{1}{2}$	$\frac{1}{2}$
配偶者と父母	第2順位	$\frac{2}{3}$	$\frac{1}{3}$
配偶者と兄弟姉妹	第3順位	$\frac{3}{4}$	$\frac{1}{4}$

　表のとおり，法定相続分は単に頭数で均等に分けるわけではありません。相続人の数や優先順位（直系卑属，直系尊属など），被相続人との関係の近さなどで割合が変わります。被相続人と相続人の関係が近ければ近いほど，相続割合が大きくなります。最も相続人に近いとされるのは配偶者なので，配偶者の法定相続分が一番大きな割合となるように定められています。なお，配偶者がいない場合には，第一順位の子どもがすべて相続します。第一順位の子どもがいなければ第二順位の父母がすべて相続し，父母がいなければ第三順位の兄弟姉妹がすべての財産を相続します。

　仮に第一順位の子どもが既に亡くなっている場合には，その人に子どもがいればその子どもが代襲相続することになります。また，第三順位である兄弟姉妹が亡くなっている場合には，その子どもが代襲相続することになります。

3　養子や非嫡出子はどれだけもらえるのか

　民法上，被相続人と血縁関係がない子どもは法定相続人になれない，というルールがありますが，養子のように法的な関係があれば，血縁関係が存在しなくても相続人となることができます。たとえば，再婚の前に生まれた被相続人の配偶者の子どもがいる場合，もともとその子どもと被相続人には血縁関係がありませんが，養子縁組をすれば実の子どもと同じ扱いとなり，法定相続人になることができます。この場合には，養子は実の子どもと同様の法定相続分の財産をもらうことができます。

　また，婚姻関係にない内縁の妻とのあいだに生まれた子どものことを法律上では非嫡出子（いわゆる婚外子）といいますが，非嫡出子であっても親が認知（自分の子どもであることを認めること）している場合には，その子どもは法定相続人になることができます。

　法定相続人と認められた非嫡出子は，実の子どもと同様の法定相続分の財産をもらうことができます。昔は非嫡出子の相続分は，実の子どもの相続分の半分とされていましたが，平成25年12月に民法が改正され，現在は非嫡出子であっても法定相続分は実の子どもと同等と取り扱われることになっています。

　つまり，養子であっても非嫡出子であっても法定相続人と認められる場合は，実の子どもと同じ法定相続分の財産をもらうことができます。

　ちなみに，相続税法上は，法定相続人になれる養子の数には制限があり，実の子どもがいる場合に養子は1人まで，実の子どもがいない場合に養子は2人までと決められています。これは相続税法上，法定相続人となれる養子を無制限に認めてしまうと，法定相続人が増えることで相続税の基礎控除が増え，不当に相続税を減少させることが可能となってしまうためです。

4　法定相続分の具体例

　法定相続分は，さきほど**2**で説明したとおり相続人の数や優先順位，被相続人との関係の近さで割合が変わります。法定相続分について具体例を使って，それぞれのケースの割合を確認しましょう。

(1) 相続人が配偶者と子ども3人の場合

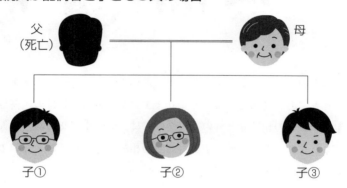

　父が亡くなって母と子ども3人が相続することになります。法定相続分は配偶者である母が2分の1，子どもの相続分は2分の1です。子どもたちの相続分は2分の1を均等に分けることなるため，子どもたちの相続分はそれぞれ6分の1（2分の1÷3）となります。

(2) 相続人が配偶者と子どもと非嫡出子の場合

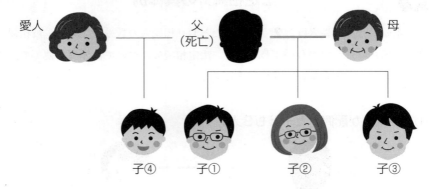

　先ほどの(1)の条件に加え，父に非嫡出子がいる場合を考えてみます。父が認知した子どもであれば法定相続人となります。配偶者である母の相続分は2分の1です。子どもの相続分2分の1については，非嫡出子を含めた4人で分けることになります。そのため，子どもたちの相続分はそれぞれ8分の1（2分の1÷4）となります。

(3) 相続人が配偶者と親の場合

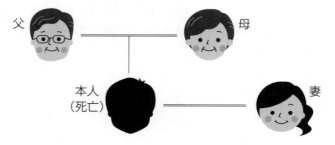

　被相続人に子どもがいない場合は，妻と被相続人の親（直系尊属）が相続することになります。配偶者である妻の相続分は3分の2です。両親の相続分は3分の1で，父と母が均等に分けることになるため，父と母の相続分はそれぞれ6分の1（3分の1÷2）となります。

(4) 相続人が配偶者と兄弟姉妹の場合

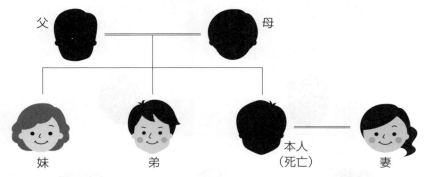

　子どもがおらず，両親もすでに亡くなっている場合は，妻と本人の兄弟姉妹が相続することになります。この場合，配偶者である妻の相続分は4分の3です。兄弟姉妹の相続分は4分の1で，弟と妹が均等に分けることになるため，弟と妹の相続分はそれぞれ8分の1（4分の1÷2）となります。

(5) 相続人が配偶者と母を異にする兄弟姉妹の場合

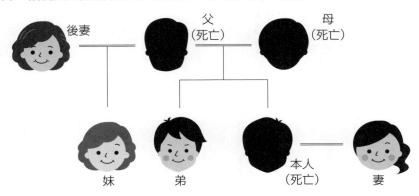

　配偶者である妻と母を異にする兄弟姉妹である弟と妹が相続人となる場合を考えてみましょう。この場合であっても，配偶者である妻の相続分は4分の3と変わりありません。一方で，父・母の片方のみを同じくする兄弟姉妹の相続分は，父・母の双方を同じくする兄弟姉妹の相続分の2分の1とされています。

つまり，弟と妹の相続分は2対1となるため，弟は12分の2（4分の1×3分の2），妹は12分の1（4分の1×3分の1）が相続分となります。

(6) 相続人が子どもだけの場合

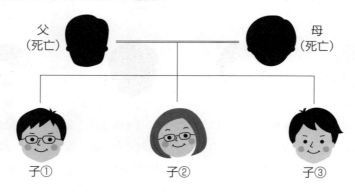

父が亡くなった際に，すでに配偶者である母も亡くなっていた場合には，子ども3人が相続することになります。子どもたちの相続分は均等なので，相続分はそれぞれ3分の1となります。

3-6 遺産分割の際の注意点

　遺産分割が行われるとき，法定相続分に応じて相続財産を分けることが最も原則的な方法です。ただし，被相続人に対する生前の貢献度や，被相続人から何か特別な贈与を受けていた場合は，法定相続分に応じて相続財産を分けることがかえって不平等となることがあります。この不平等を解消するための制度として「寄与分」や「特別受益」と呼ばれるものがあります。ここでは，「寄与分」と「特別受益」について説明していきます。

1　寄与分

　寄与分とは，相続人のなかに被相続人の財産の維持又は形成に貢献した人がいる場合に，その財産の維持又は形成に貢献した人が，通常よりも多くの相続財産をもらうことができるという制度です。

　相続税額の計算をする際には，相続財産からその財産の維持又は形成に貢献した分を控除したものを相続財産とみなして各相続人の相続分を算定します。そして，被相続人の財産の維持又は形成に貢献した人は，相続分とは別に相続財産のなかから相当額の財産を取得することができます。つまり，寄与分とは相続人間で不平等が起こらないようにするために作られた制度です。

　寄与分とは何かをイメージしていただくために，具体例を紹介します。

　よくあるケースとして，たとえば被相続人が亡くなったときに相続人が長男と二男の2人の場合に，被相続人が亡くなる直前の数年間は介護が必要な状況であったため，二男が仕事を辞めて被相続人の世話を毎日していたとします。一方で長男は，被相続人の介護には全く協力してくれませんでした。この場合に相続財産の分け方を考えるにあたって，被相続人の介護をしてきた二男のほうにより多く財産を分けるように配慮しないと，二男は不平等だと感じるでしょう。

あるいは似たケースとして、被相続人が生前に自営業を営んでいた場合に、被相続人の事業の手伝いを二男のみが無報酬で行っていた一方で、長男は事業とは一切関わりをもたずに会社員として生活していたとします。この場合も、相続財産の分け方を考えるにあたっては、二男のほうにより多くの財産を分けることが平等といえるでしょう。

なぜなら、被相続人の財産の一部は、被相続人の介護や事業の手伝いをした二男によって維持または形成されたものだと捉えられるからです。もし、長男と二男で法定相続分通りに財産を分けようとすると揉めることが容易に想像できます。

法律上では、寄与分として認めるものとして、次の3つ方法を規定しています。

1つ目が、「被相続人の事業に関する労務の提供又は財産上の給付」です。これは、たとえば被相続人の事業を安い給料で手伝っていた場合や、被相続人がバリアフリーの生活が必要となったためその改造資金を提供した場合などが該当します。

2つ目が、「被相続人の療養看護」を行った場合です。これは、たとえば被相続人に常に付添人がいることが必要な状況であるときに、看護費用の支払いを避けるために相続人が仕事を辞めて付添った場合などが該当します。

3つ目は、「その他の方法」となっていて、たとえば共働きの夫婦でどちらも収入がある場合に、預金はすべて被相続人である夫の名義でされている場合が該当します。

なお、寄与分として認められるためのポイントとして、被相続人の財産の維持または増加について「特別の寄与」をした者であることが必要となっています。そのため「一時的に介護を手伝っただけ」の場合や「単に病気になったときに看護しただけ」である場合には、「特別の寄与」に該当しません。これらは、妻や息子であればして当然のことです。つまり、親の財産を増やしたり、減らさなかったりした場合に限り寄与分は認められます。

また、寄与分が認められるのは、相続人のみです。被相続人の介護を被相続

人の子どもの妻が仕事を辞めてしているということは，よくあることかもしれませんが，被相続人の子どもの妻は相続人ではないため，寄与分は認められません。ただし，この場合に寄与分が認められないと納得のいく相続はできないため，夫婦は一体と考え一定の配慮をすることが一般的です。

2　寄与分がある場合の相続手続

　寄与分がある場合には，その寄与分が法律上で当然に決定されるわけではありません。寄与分の算定については，原則として相続人全員の話し合いである遺産分割協議のなかで決めることになります。

　寄与分が，たとえば献身的な介護によるものである場合など，金額として正確に算定することが困難な場合も多く，寄与分の算定を遺産分割協議により決めることは簡単ではありません。特に寄与の期間が長くなるとその算定は難しくなるものです。

　もし，遺産分割協議のなかで寄与分の算定がまとまらない場合には，家庭裁判所に調停や審判を申し出て寄与分の額を決定してもらいます。家庭裁判所は，寄与の時期や方法及び程度，相続財産の額などといった一切の事情を考慮して寄与分を算定します。

　寄与分の計算方法は，まず相続財産からその寄与分を控除したものを相続財産とみなします。たとえば相続人が配偶者と長男と二男の場合に，相続財産が2億円，そのうち長男の寄与分が4,000万円だとすると，2億円から4,000万円を差し引いた1億6,000万円が相続財産とみなされます。

　次に，この1億6,000万円を法定相続分で分けます。すると法定相続人のそれぞれの相続分は，配偶者が8,000万円，長男と二男がそれぞれ4,000万円となりますが，4,000万円の寄与分が認められる長男は，相続分の4,000万円に寄与分の4,000万円を加えた8,000万円が相続分となります。

3 　特 別 受 益

　特別受益とは，相続人のなかに被相続人から特別な遺贈を受けたり，贈与を受けたりしている人がいる場合において，それを考慮にいれずに残った相続財産を分割すると，遺贈や贈与を受けた人と遺贈や贈与を受けなかった人との間で不平等が生じるため，それを是正し相続人間で平等に遺産分割を行うために設けられた制度です。被相続人から生前にもらった財産のことを特別受益といい，特別受益を受けた相続人のことを特別受益者といいます。

　たとえば，被相続人が亡くなったとき相続人が長男と二男の2人の場合に，被相続人が遺言書で「相続財産は兄弟2人で同額ずつ分けるように」と書いてくれていることや，遺産分割協議において兄弟2人で仲良く話し合いをし，「2人兄弟なので相続財産を法定相続分のとおり半分ずつもらうことにしよう」と決めることはよくあることです。仲の良い兄弟であれば，相続財産を半分に分けることで何ら問題なく遺産分割を進めることができるでしょう。ところが，その数日後になって，被相続人の通帳を二男がたまたま発見し，被相続人の生前に長男に対して長男の自宅マンション購入資金として多額の預金を振り込んでいることを知ってしまった場合は，二男にとってみると「長男が被相続人の生前に多額の資金の贈与を受けているにも関わらず，相続財産を分ける際には半分ずつというのは不公平だ」と感じるはずです。このケースにおいて，長男がもらうべき財産は，相続財産から生前に贈与を受けた資金分を相殺した金額でないと，兄弟間で不公平が生じます。このように生前に相続人が複数いる場合で特定の相続人だけが特別な贈与を受けている場合には，法定相続分のとおりに相続するのではなく，生前に贈与された財産は既にもらっていたものであると考え，遺産分割を行う際にはこれを考慮することになっています。

　では，特別受益があるといえるのはどのような場合でしょう。法律上は，次のような場合には，特別受益があったとされます。

　まず，「遺贈」があった場合には，すべて特別受益があったといえます。「遺贈」とは，遺言によって財産を取得した場合です。

また,「婚姻や養子縁組の贈与」があった場合も,特別受益があったといえます。これは婚姻するために特別に持参金をもたせた場合や,花嫁道具,あるいは新居などを購入した場合のように,ある程度の多額なお金になる場合です。結納金や挙式のための費用については金額にもよりますが,一般的には特別受益にはあたらないとされています。

　「生計の資本としての贈与」があった場合も,特別受益があったといえます。この典型的な例が,子どもが新たに事業を始めるといったときに資金提供を行う場合や,子どものために新築の住居用の家屋を建てる場合や家屋を新築するために土地を贈与してもらう場合です。その他,子どもの海外留学費や私立大学へ進学させるための入学金等についても,被相続人の生前の資金力や他の相続人と比較した場合にその贈与が多額である場合には,特別受益とされることがあります。

4　特別受益がある場合の相続手続

　相続人のなかに特別受益者がいる場合には,どのように計算をするのか見ていきます。特別受益は,相続人間で平等に遺産分割を行うために設けられた制度であるため,最終的には平等に相続されるように計算されなければなりません。そこで一定の生前贈与を相続開始時の財産価額に加算して相続分を算定する「特別受益の持ち戻し計算」と呼ばれる方法により計算されます。

　具体的には,まず被相続人が相続開始のときにおいて所有していた財産の価額に特別受益と認められる贈与の価額を加えたものを相続財産とみなします。次に,法定相続分により各相続人の相続分を算定します。この相続分から特別受益となる遺贈又は贈与の価額を控除した残額が相続分となります。

　たとえば,相続人が長男と二男の2人で,相続財産が4億円,長男が被相続人の生前に2億円の贈与を受けていた場合に,相続財産の4億円を法定相続分で分けそれぞれ2億円ずつ相続すると,結果として長男が4億円,二男が2億円の財産をもらうことになり,二男にとっては不公平となります。そこで,相

続財産の4億円に生前贈与分の2億円の合計6億円が相続財産とみなします。そして，6億円を法定相続分で分け，それぞれの相続分を3億円ずつとしたうえで，長男の相続分は3億円から2億円を差し引いた1億円とし，二男の相続分は3億円とします。これにより，長男と二男はそれぞれ3億円ずつの財産を引き継ぐこととなり，平等に相続されることになります。よって，遺贈又は贈与の価額が相続分の価額と同額であるときや，これを超えるときには，特別受益者はその相続分を受けることができないこととなります。

　相続人のなかに特別受益者がいる場合の計算をするうえで難しいのが，特別受益額の評価です。まず贈与があった場合のその評価は，贈与時の価額ではなく原則として相続開始時を基準とします。そのため，改めて相続時の価額に引き直すことが必要になります。なお，金銭により贈与を受けた場合にも，贈与を受けたときから相続開始時までの貨幣価値の変動を考慮することになります。これは，30年前の100万円と現在の100万円では貨幣価値が異なるからです。30年前に現金で100万円の贈与を受けた場合には100万円で評価され，現金ではなく不動産で贈与を受けた場合には相続時の時価1,000万円で評価されるのでは，両者で不均衡が生じてしまいます。

　また，生前贈与を受けた財産が，滅失や売買などの処分により既に存在しないということもあります。このとき，その滅失の原因により取扱いがことなります。滅失の原因が，受贈者が相続前に処分したなど受贈者自身の行為によって行われた場合には，相続開始時にその財産は贈与を受けたときの状態で存在するものとして評価されます。一方で，滅失の原因が，受贈者の不可抗力によるものである場合には，特別受益はないものとして扱われます。

第4章

遺産分割協議書の作成と相続手続

4-1 遺産分割協議書の作成

1 遺産分割協議書

　遺産分割協議で「誰が何をどれぐらいもらうのか」ということが決まったとしても，それだけで遺産分割の手続が終わりというわけではありません。遺産分割について後々「言った言わない」のトラブルを防ぐためにも，内容を文書化し遺産分割の結果を明確にしておくことが重要となります。そこで，遺産分割協議で合意した内容を文書化した「遺産分割協議書」を作成しておく必要があります。

　この遺産分割協議書は，法的に作成を義務付けられているものではありません。しかしながら，不動産の相続登記の名義変更や，被相続人の銀行預金の払い戻しなど，さまざまな場面でこの遺産分割協議書が必要となりますし，遺産分割ができたという明確な証明ともなりますので，作成してください。

2 遺産分割協議書を作るときのポイント

　遺産分割協議書は法的に義務付けられた書類ではないため，作成書式に決まりはありません。手書きでもパソコンで作成しても問題ありませんし，横書きでも縦書きでも構いません。作るときのポイントとしては，まず相続財産についてできるだけ詳細に記載しておくことです。単に「自宅」といった表現は避け，住所地や面積などの項目を登記簿謄本どおりに記載しましょう。遺産分割協議書と登記簿謄本の記載内容が異なっていると，不動産登記などができず，せっかく遺産分割協議書を作成したのに再度作成し直さなくてはならないということにもなりかねません。その後の手続をスムーズに進めるためにも注意して作成しましょう。

　記載が終わったら，遺産分割協議書に相続人全員が署名捺印（自署し，実印

を押して、印鑑証明書を添えます）をして書類を完成させます。相続人全員が名を連ねること、印鑑証明を受けた実印を押すことがポイントです。

もしも、作成した遺産分割協議書に不備がないか不安がある方は、不動産登記を依頼する司法書士などの専門家に遺産分割協議書のチェックをしてもらうとよいでしょう。

3 遺産分割協議書の文例

次に、遺産分割協議書の一般的な文例を確認しましょう。

遺産分割協議書は法的に決められた書類ではないため、標題に決まりはありません。何の書類であるか、ということを一見してわかるようにしておけば問題ありませんが、「遺産分割協議書」と記載するのが一般的です。

誰の相続であるかを明確とするため、被相続人の氏名、年齢、最後の住所、死亡年月日などを記載しておきます。その次に、相続人を確定するため、相続人について記載します。文例のように相続人を1人1人特定して記載するか、「相続人全員は～・・・」と簡単にまとめて記載しても構いません。そして、遺産分割協議の内容について、詳細に正確に記載をしていきます。

なお、先ほどの文例は家屋が一軒家の場合でしたが、家屋がマンションの場合は記載内容が少し異なります。マンションの場合は、敷地権が設定されている場合とされていない場合がありますので、それぞれ記載が異なります。次の文例は、敷地権がある場合です。

<一般的な遺産分割協議書の文例>

遺産分割協議書

　平成30年○月○日，本籍○○県○○市○○町○番地　相続太郎の死亡によって開始した相続の共同相続人である相続花子，相続雄太及び相続次郎は，本日，その相続財産について，次のとおり遺産分割の協議を行った。
1　相続財産のうち，下記の不動産は，相続花子（持分2分の1）及び相続雄太（持分2分の1）が相続する。
2　相続財産のうち，株式会社○○銀行○○支店の定期預金（口座番号○○○○）500万円及び○○株式会社の株式○○株は，相続次郎が相続する。
3　被相続人相続太郎に関する葬式費用金90万円は，相続花子が負担する。
　この協議を証するため，本協議書を3通作成して，それぞれに署名，捺印し，各自1通を保有するものとする。
平成30年○月○日
　　　　　　　　　　○○県○○市○○町二丁目12番地　　　相続　花子　印
　　　　　　　　　　○○県○○市○○町二丁目12番地　　　相続　雄太　印
　　　　　　　　　　○○県○○市○○町三丁目45番6号　　相続　次郎　印

記

　　　不動産の詳細
　　　土地
　　　　所　在　○○県○○市○○町一丁目
　　　　地　番　23番
　　　　地　目　宅地
　　　　地　積　123.45平方メートル
　　　　所　在　○○県○○市○○町一丁目23番地
　　　家屋
　　　　所　在　○○県○○市○○町一丁目
　　　　家屋番号　23番
　　　　種　類　居宅
　　　　構　造　木造瓦葺2階建
　　　　床面積　1階43.00平方メートル
　　　　　　　　2階21.34平方メートル

＜敷地権の設定があるマンションの場合＞

一棟の建物の表示
　所　　　在　　東京都××市××町一丁目23番地1
　建物の名称　　フォーラム××町
　構　　　造　　鉄筋コンクリート造6階建
専有部分の建物の表示
　家　屋　番　号　　××町一丁目23番の1
　建物の名称　　601
　種　　　類　　居宅
　構　　　造　　鉄筋コンクリート造1階建
　床　面　積　　6階部分　100.23㎡
敷地権の表示
　所在及び地番　　東京都××市××町一丁目23番地1の3
　地　　　目　　宅地
　地　　　積　　522.36㎡
　敷地権の種類　　所有権
　敷地権の割合　　1万分の196

次の文例は，敷地権の設定がないマンションの場合です。この場合は，家屋と土地を分けて記載する必要があります。

＜敷地権の設定がないマンションの場合＞

一棟の建物の表示		
所　　在	東京都××市××町一丁目23番地1	
構　　造	鉄筋コンクリート造陸屋根6階建	
床　面　積	1階	475.50㎡
	2階	492.00㎡
	3階	492.00㎡
	4階	465.60㎡
	5階	439.20㎡
	6階	412.80㎡
専有部分の建物の表示		
家 屋 番 号	××町一丁目23番の1の15	
建物の名称	301	
種　　類	居宅	
構　　造	鉄筋コンクリート造1階建	
床　面　積	3階部分　57.82㎡	
土　　　地		
所　　在	××市××町一丁目	
地　　番	23番地1	
地　　目	宅地	
地　　積	567.89㎡	
	持分1万分の498	

なお，遺産がたくさんある場合は，1枚に記載しきれないことがあります。この場合には，遺産分割協議書の特定のページを抜いたり足したり，差し替えられないようにしておくため，各ページの間に契印をしておきましょう。また，袋とじの場合には，袋とじの部分に契印をすれば，各ページに契印を押す手間を省くことができます。

4 遺産分割協議書を作った後に財産が見つかった場合

　遺産分割協議が無事終わり遺産分割協議書を作った後に，追加の財産が見つかったというケースもあります。遺産分割協議書の作成後に追加の財産が見つかった場合には，遺産分割協議はどうなるのでしょうか。

　後から追加の財産が見つかった場合は，相続人全員の合意など一定の条件を満たせば，作成済みの遺産分割協議書を一度無効にして，もう一度協議をやり直すことが可能ですし，追加の財産に絞って再度遺産分割協議をすることも可能です。追加協議する場合は，最初に作成した遺産分割協議書は有効としたうえで，追加分について補足的に遺産分割協議書を作成することになります。また，新たな財産について遺産分割協議書を作成した場合には，「〇年〇月〇日付遺産分割協議書は有効であることを相続人全員で確認する」旨の記述を入れておくとよいでしょう。

　なお，追加の財産が出てくる場合を想定して，あらかじめ遺産分割協議書に，「本遺産分割協議の時点で判明していない被相続人の財産が後日発見された場合は，別途協議する。」といった記述を入れておくことがあります。しかしながら，少額の財産が数回にわたって見つかるという場合も想定されます。この場合に，その都度協議をするのは大変ですので，あらかじめ遺産分割協議書に「新たな財産が見つかったときは法定相続分に従って配分する」や，「配偶者〇〇が相続する」といった記述を入れておくこともあります。あとから見つかった財産があっても，対処方法が決まっていると安心です。

5 遺産分割の対象となる資産，ならない資産

　基本的に被相続人の相続財産は遺産分割の対象となりますが，被相続人が残した財産のすべてが遺産分割の対象となるわけではありません。

　たとえば，被相続人の死亡後に受取人に支払われる生命保険金は遺産分割の対象外となります。受取人に支払われる保険金は，受取人固有の財産になると

考えられているためです。また，被相続人が勤めていた会社から死亡退職金が遺族へ支払われることがあります。この死亡退職金は遺族の生活保障を目的としており，受け取る遺族固有の権利であると考えられているため，原則として遺産分割の対象とはなりません。

　対象外となるのは，プラスの財産だけではありません。借入金などの負債も，遺産分割の対象外となります。負債に関しては，相続人間の合意があれば負債の負担割合を変えることが可能ですが，法的には負債は当然に法定相続分で分割されるという考え方となっていますので，遺産分割の対象とはなりません。遺産分割協議で負債について負担割合を決めたとしても，それはあくまでも相続人間の契約であって，第三者（銀行などの債権者）に対しては効力を主張することができません（相続人間では有効です）。

　なお，以前は預貯金については，相続人の全員の同意があったときに限って，預貯金を遺産分割の対象とすることができるとされていましたが，近年最高裁において，預貯金に関しては「相続開始と同時に当然に相続分に応じて分割されるものではない」旨の判決が示されましたので，今後，預貯金については遺産分割の対象とされることとなります。

4-2 遺産分割協議で揉めないために

　遺産分割協議をするまでは，相続人同士とても仲が良く，我が家に限っては遺産分割協議で揉めることなんて絶対にないと考えていた場合でも，ちょっとしたことがきっかけで揉めてしまうのはよくあることです。

　家庭裁判所で行われた遺産分割調停のうちおよそ75％が，相続財産が5,000万円以下の案件というデータからもわかるように，遺産分割協議で家族や親族を巻き込んでトラブルになるのは資産家の話だけではなく，一般家庭でも十分に起こりうる話です。

　遺産分割協議で揉めてしまい長期化することは相続人の誰にとってもよいことではありません。たとえば，被相続人が亡くなったことを銀行などの金融機関が知った場合には，金融機関はその預金口座を凍結します。被相続人の預金は，相続が開始すると相続人全員の共有財産となりますが，遺産分割協議が揉めて長期化してしまうといつまでも預金口座の凍結を解除して相続人が自由に使うことができません。

　また，相続財産に不動産がある場合も，遺産分割協議がまとまらないと不動産の名義変更手続ができないため，土地や建物の売却や，建物の修繕をしたいと考えていても迅速に対応することができません。さらに，遺産分割で揉めている間に不動産や株式の価格が下落することも考えられます。

　他にも，話し合いがまとまらず家庭裁判所での審判までもつれこんでしまうと弁護士費用が発生することもありますし，相続税を納税するうえでの税制優遇が使えなくなることもあるなど，損をしてしまうことも考えられます。

　遺産分割協議で揉めてしまういくつもの問題が起こるため，できれば争いを起こすことなく終えたいものです。遺産分割協議で揉めないためには，遺産分割協議の難しさや揉める原因を認識することが大切です。ここでは，その難しさや主な揉める原因について説明します。

1　遺産分割協議は難しい

　遺産分割協議は相続人全員の話し合いにより，相続人全員の合意が得られなければ成立しません。この全員の合意が必要とされる点が，遺産分割協議の難しいところです。遺産分割協議で集まる人たちはまったくの他人ではないため，話し合いをまとめることはそれほど難しくないのでは，と考えがちですが，遺産分割協議で相続人全員の合意を得るということは簡単なことではありません。

　たとえば，相続財産を全員にきっちり均等に分けることができればよいのですが，いざ相続財産を分けることになると，少ない金額であっても損をする人が出てくることもあります。その場合に，「多少損をすることになってもこれまで仲良くしてきた親族と争いたくない」といってくれたり，「これくらいの金額であれば仕方ない」と譲歩してくれるとよいのですが，これに納得いかない人が1人でもいる場合には，全員の合意を得ることは難しくなります。

　また，相続財産に不動産や貴金属，絵画などの動産がある場合には，それらは物理的に切り離して分割することは困難なため，相続人のうち複数の人が特定の不動産を取得したいと考えていると，全員が納得のいくように話し合いをまとめることは難しくなります。

　また，人の死がいつ訪れるかは誰にも予測はできないものであるため，突然病気や事故などで亡くなることもあります。いざ遺産分割協議のために親族で集まる必要が出て来たときに，相続人のそれぞれが離れた場所に住んでいる場合や，相続人間の関係が疎遠になっているときには，話し合いをまとめることは難しくなります。必ず全員が同じ場所に集まる必要性はありませんが，相続人の中にみんなをまとめてくれる人がいないと，なかなか話が進まないことが考えられます。

　また，代襲相続者がいる場合など相続人の数が多くなると，さまざまな価値観や立場の人が集まることになるので，話し合いをうまくまとめることはより難しくなります。

2 揉める原因はここにある

　遺産分割協議の最初の段階で，遺産分割の対象となる相続財産は何かということを明確にして確定しなければなりません。しかし実際のところ，相続財産の範囲を確定させることは難しいものです。相続財産の範囲が不明確なものがあると，遺産分割協議で揉める原因となります。たとえば，被相続人の子ども名義の預金口座があった場合には，その預金は相続財産の範囲に含まれるのか，それとも子どもの財産となるのかについて話し合いが必要になります。

　また，その預金の実質的な所有者は被相続人であると判断され，相続財産に含めることにした場合でも，預金の残高が予想していた金額より少ない場合には，その預金の入出金の内容について理解するまでは他の相続人は納得がいかないはずです。そのため，入出金の内容について根拠となる通帳や明細書を持ち寄ることにより，相続人全員の合意を得ることが大切になります。

　相続財産の範囲が確定すると，次に相続財産の評価をしなければなりません。現金のように誰が評価しても金額が変わらない財産もありますが，不動産や株式などのように評価方法がいくつかあり，評価方法によって金額が変わるものについては，評価方法について揉めることがあります。たとえば相続人が長男と二男の2人で，相続財産が預金5,000万円と不動産だとします。このとき不動産の評価を誰がやっても5,000万円となるのであれば，「預金は長男が全額もらう代わりに，不動産は二男が取得する」というように，どのように分けるのが平等なのかというお互いの認識を一致させることが容易になるため，納得のいく形で相続財産を分けることができます。

　しかし，実際には不動産の評価額はどの評価方法を選択するかによって変動することがあるため，評価方法について兄弟間での認識が一致しない場合，揉める原因となってしまいます。そのため，相続財産のなかに評価が必要なものがある場合には，まずは遺産分割協議のなかでどのような評価方法を選択することがよいのか話を詰めることが大切です。

　また，遺産分割協議をするのが面倒だからといって先延ばしにしていると，

相続人関係者が増えたり財産の状況が変化したりと，より面倒なことになるため，話し合いができる状況が整い次第速やかに始めることが大切です。

最後に，相続財産は本来自分の財産ではないのですが，いざ相続財産をもらえることとなると，少しでも多くもらいたいと思ってしまうのが人間の本性です。そのため，他の相続人と比較して自分の相続財産が少ない場合には，冷静に判断できず感情的になってしまうことがあります。しかし，感情的な話し合いでは話が複雑になりやすく，自分にとってもよいことはないため，冷静でいることが大切です。

3　寄与分や特別受益で揉めることが多い

相続人のなかに，被相続人の財産の維持や特別な寄与をした人がいる場合には寄与分が認められ，寄与分が認められた相続人は，通常よりも多くの相続財産をもらうことができます。寄与分は法律上で当然に算定されるものではなく，遺産分割協議での話し合いにより決定されますが，寄与分の内容は，「被相続人を献身的に介護した」など金額を正確に算定することが困難なことが多いため，遺産分割協議で揉める原因となります。また，相続人のうち1人の寄与分を認めた場合には，他の相続人も自分にも寄与分があると主張することがあり，話し合いがより複雑になることがあります。

被相続人から生前に特別な遺贈を受けたり贈与を受けたりしている相続人がいる場合など特別受益がある場合には，寄与分と同様に遺産分割協議において考慮することになります。しかし，生前贈与があった場合にそれが特別受益にあたるかどうかについての判断が困難なことも少なくありません。また，特別受益の評価方法は一定ではなく評価方法によって評価額が異なってくるため，それが揉める原因となります。

寄与分も特別受益も，遺産分割を平等に行うために作られた制度であるため，寄与分や特別受益をめぐって揉めることのないようにしたいものです。

4-3 遺産分割協議がまとまらなかったとき

　相続人間で話し合っても遺産分割がまとまらない場合があります。そのまま相続人だけで話し合っていても，話し合いをまとめることが難しい状況であれば，家庭裁判所に申し立てをして，「遺産分割調停」を利用するという方法があります。

　調停は，家庭裁判所で当事者双方から遺産分割の意向や事情を聞いてもらいます。そして，それぞれの事情をよく把握してもらったうえで，解決案や解決のための助言などをしてもらいますので，相続人たちが納得して遺産を分割できるように話し合いを進めることができます。ここでは，調停の方法について確認していきます。

1　遺産分割調停

　遺産分割調停とは，裁判官1名と調停委員2名以上が相続人たちの間に入って話し合いをする方法です。中立的な立場の第三者が，対立する相続人それぞれの意向を聞き，公平で客観的な視点から解決策の提案や助言をしてくれます。

　調停をするためには，申立人が家庭裁判所に調停を申し立てます。調停の申立が受理されたら，裁判所から第1回目の調停期日について通知が来ますので，申立人と相手方は，期日に裁判所に出頭して，裁判官と調停委員を交えて話し合いをします。申立人は申立人控室で待機し，対立する相続人は相手方控室で待機することになります。調停委員が当事者双方の話を個別に交互に聞く方法で進められますので，お互いが同じ部屋で直接顔を合わせて話し合いを行うことは基本的にはありません。そして，話し合いがまとまって調停が成立するまで，又はまとまらずに調停が不調に終わるまで，第2回以降も調停が継続することになります。

　調停の結果，分割方法がまとまれば，調停が成立することになります。裁判

所が調停調書を作成しますが，この調書には，確定判決と同じ効力がありますので，原則，後から不服を唱えることはできません。この調書において，金銭の支払や建物の明渡しなどを約束した場合には，当事者はこれを守る必要があります。もしも，当事者が約束を守らない場合には，もう一方は，調停の内容を実現するために，強制執行を申し立てることができます。

仮に，話し合いがまとまらない場合には，「不調」ということで調停が終了し，そのまま「遺産分割審判」に移行することになります。自動的に移行しますので，別途審判の申し立ては不要です。審判とは，裁判官が事情を考慮して，「遺産をこのように分けなさい」という結論を出すことです。

なお，そもそも相続人の範囲や遺産の帰属について争いがある場合には，調停や審判という方法ではなく，別途裁判を起こすことになります。

2 調停の特徴

遺産分割協議がうまく進まなかった場合は，まず調停によって解決を図り，調停が成立しない場合に審判へ移行する流れとなります。調停は調停委員を介して解決をしていく方法ですので，最終的には相続人が遺産分割の方法を決めますが，審判は家庭裁判所に「このようにしなさい」という結論を出してもらいます。

そのため，調停は相続人当事者間が遺産分割について納得して，合意をする必要がありますが，審判は合意がなくても遺産分割の方法が決まってしまいます。審判や裁判などと異なり，調停は最終的な遺産分割の方法について，相続人が決定するという点に特徴があります。

3 調停のメリット・デメリット

調停は遺産分割協議と比較して，確実に解決に向かっていくという点でメリットがあります。遺産分割協議では，特に期限などが決まっていませんので，

分割協議で揉めて協議をしたくないという相続人が出てくると，余計に時間がかかることになります。調停の場合には，1か月から2か月に1度のペースで協議の場が設けられますので，ゆっくりですが協議が進むことを期待することができます。また，最終的に調停で話し合いがまとまらない場合には，審判手続に移行することになります。この場合，裁判官が分割方法を決定しますので，当事者間で遺産分割協議を行うよりは，話し合いの進行に強制力が働きます。

調停が成立した場合には，裁判所が調停調書を作成しますが，この文書は確定判決と同じ効力が認められているため，当事者が調停調書のとおりに建物の明け渡しなどをしない場合には強制執行が可能となります。遺産分割協議書の場合は，強制執行をするためには訴訟手続をする手間がかかります。この手続の手間を省けるという点も調停を行うことのメリットといえるでしょう。

さらに，調停は裁判のように勝ち負けをはっきり決める目的のものではありません。調停によって対立関係を生むというわけではなく，円満に話し合いを進めることができる可能性が高く，有効な方法といえるでしょう。

一方で，調停は当事者間の話し合いの延長線上にある方法です。そのため，当事者が調停に来ないといった場合もあり，調停がなかなか思うように進まないといったケースもあります。調停は場合によって，話し合いがまとまるまで時間がかかってしまうというデメリットがあります。

4　調停の申立方法

相続人間で協議がうまくいかなかった場合に，遺産分割調停を申し立てることになりますが，申し立てるには「遺産分割調停申立書」を作成し，必要書類を揃えて，家庭裁判所に提出することになります。

調停の申立は，相続人のうちの1人又は何人かが，他の相続人全員を相手方として申し立てます。遺産分割の申立人となる人は，共同相続人や遺言執行者などです。申し立てる裁判所は，申立をする人が住んでいる地の家庭裁判所ではなく，相手方が住んでいる地を管轄する家庭裁判所となりますので，注意し

てください。ただし，当事者間の合意があれば，他の裁判所を管轄として調停を申し立てることも可能です。

5　申立の必要書類と費用

申立の際に必要となる書類は，次のとおりです。

(1) 遺産分割調停申立書
(2) 戸籍謄本などの添付書類

(1) 遺産分割調停申立書

　遺産分割調停申立書を作成し，1通及びその写しを相手方人数分用意します。遺産分割調停申立書の書き方は，次ページの文例を参考にしてください。この申立書の用紙は，各家庭裁判所に備えてありますが，インターネットでダウンロードすることができます。

　なお，遺産目録には遺産のすべてを記入する必要があります。また，被相続人から生前に贈与を受けている等，特別な利益を得ている人がいる場合には，遺産目録のほかに，特別受益目録を作成する必要があります。

記入例　被相続人の長女が共同相続人を相手に遺産分割を求める場合

申立書を提出する裁判所
作成年月日

この申立書の写しは、法律の定めるところにより、申立ての内容を知らせるため、相手方に送付されます。

受付印	遺産分割	☑ 調停 □ 審判	申立書

（この欄に申立て1件あたり収入印紙1,200円分を貼ってください。）

印紙

（貼った印紙に押印しないでください。）

収入印紙	円
予納郵便切手	円

○○家庭裁判所　御中 平成○年○月○日	申立人 （又は法定代理人など） の記名押印	乙野　春子　㊞		準口頭

添付書類	（審理のために必要な場合は、追加書類の提出をお願いすることがあります。） ☑ 戸籍（除籍・改製原戸籍）謄本（全部事項証明書）合計 ○ 通 □ 住民票又は戸籍附票 合計　通　　□ 不動産登記事項証明書 合計　通 ☑ 固定資産評価証明書 合計 ○ 通　☑ 預貯金通帳写し又は残高証明書 合計 ○ 通 □ 有価証券写し 合計　通

当　事　者	別紙当事者目録記載のとおり		
被相続人	本　籍 （国　籍）	都道 ○○ 府㊞ ○○市○○町○○番地	
	最後の住所	都道 ○○ 府㊞ ○○市○○町○号	
	フリガナ 氏　名	コウヤマ　タロウ 甲山　太郎	平成○年○月○日死亡

申　立　て　の　趣　旨

被相続人の遺産の分割の（☑ 調停 ／ □ 審判）を求める。

申　立　て　の　理　由

遺産の種類及び内容	別紙遺産目録記載のとおり		
被相続人の債務	□ 有 ／	□ 無 ／	☑ 不明
☆ 特 別 受 益	☑ 有 ／	□ 無 ／	□ 不明
遺　　　　言	□ 有 ／	☑ 無 ／	□ 不明
遺産分割協議書	□ 有 ／	☑ 無 ／	□ 不明
申立ての動機	☑ 分割の方法が決まらない。 □ 相続人の資格に争いがある。 □ 遺産の範囲に争いがある。 □ その他（　　　　　　　　　　　　　　　　　　　　　　）		

（注）太枠の中だけ記入してください。
　　　□の部分は該当するものにチェックしてください。
　　　☆の部分は、被相続人から生前に贈与を受けている等特別な利益を受けている者の有無を選択してください。「有」を選択した場合には、遺産目録のほかに、特別受益目録を作成の上、別紙として添付してください。

第4章　遺産分割協議書の作成と相続手続

121

> この申立書の写しは, 法律の定めるところにより, 申立ての内容を知らせるため, 相手方に送付されます。

当 事 者 目 録

	申立人	相手方			
☑		□	本籍(国籍)	都道府<u>県</u>道	○○ 府県 ○○市○○町○○番地
			住所	〒000-0000	○○県○○市○○町○丁目○番○号 ○○アパート○号 (方)
			フリガナ氏名	オツノ ハルコ 乙野 春子	大正 <u>昭和</u> 平成 ○年 ○月 ○日生 (○○歳)
			被相続人との続柄	長女	
□		☑	本籍(国籍)	都道<u>府</u>県	○○ 府県 ○○市○○町○番地
			住所	〒000-0000	○○県○○市○○町○番○号 (方)
			フリガナ氏名	コウヤマ ハナコ 甲山 花子	<u>大正</u> 昭和 平成 ○年 ○月 ○日生 (○○歳)
			被相続人との続柄	妻	
□		☑	本籍(国籍)	都道<u>府</u>県	○○ 府県 ○○市○○町○番地
			住所	〒000-0000	○○県○○市○○町○丁目○番○号 (方)
			フリガナ氏名	コウヤマ ナツオ 甲山 夏夫	大正 <u>昭和</u> 平成 ○年 ○月 ○日生 (○○歳)
			被相続人との続柄	長男	
			本籍(国籍)	都道府県	

遺 産 目 録 (□特別受益目録)

【土 地】

番号	所在	地番	地目	地積 平方メートル	備考
1	○○県○○市○○町	○ ○番	宅地	200 00	建物1の敷地
2	○○県○○市○○町○丁目	○ ○	宅地	650 00	建物2の敷地(持分) 被相続人2分の1 甲山花子2分の1

遺 産 目 録（□特別受益目録）

【建物】

番号	所在	家屋番号	種類	構造	床面積（平方メートル）	備考
1	○○県○○市○○町○番○号	○○	居宅	木造瓦葺2階建	1階 50.00　2階 45.00	
2	○○県○○市○○町○丁目○番○号	○○	店舗兼居宅	木造スレート葺平家建	100.00	甲山花子が居住

遺 産 目 録（□特別受益目録）

【現金，預・貯金，株式等】

番号	品目	単位	数量（金額）	備考
1	○○銀行○○支店 普通預金（番号○○○○○○）		5,000,000円	甲山花子が保管
2	○○株式会社 株式	50円	8,000株	甲山花子が保管

被相続人から生前に贈与を受けている等，特別な利益を得ている者がいる場合には，遺産目録のほかに，特別受益目録を作成してください。

遺 産 目 録（☑特別受益目録）

【現金，預・貯金，株式等】

番号	品目	単位	数量（金額）	備考
1	昭和○年○月頃の自宅購入資金		5,000,000円	甲山夏夫

(2) 戸籍謄本などの添付書類

遺産分割調停申立書に添付が必要となる書類は，次のとおりです。

- 被相続人の出生時から死亡時までのすべての戸籍謄本
- 相続人全員の戸籍謄本
- 被相続人の子（及びその代襲者）で死亡している人がいる場合，その子（及びその代襲者）の出生時から死亡時までのすべての戸籍謄本
- 相続人全員の住民票又は戸籍附票
- 遺産に関する証明書

なお，遺産に関する証明書は，不動産登記事項証明書，固定資産評価証明書や預貯金通帳の写し又は残高証明書などです。不動産登記事項証明書などは，不動産が相続財産であること確認するとともに，所在や番地なども確認するためです。また，預貯金通帳の写しは，預金の金額を明らかにするために必要となります。

また，調停に必要となる費用は，1人当たり収入印紙1,200円を被相続人の人数分と，連絡を取るために必要となる郵便切手代です。収入印紙は申立書に貼用しますので，被相続人の人数分が必要となります。郵便切手は，家庭裁判所から相手方へ通知をするために必要となります。郵便切手は，裁判所によって必要な金額が異なりますので，申立前に裁判所に確認をしましょう。

4-4 財産別の具体的な相続手続

「遺産分割協議」により相続財産の分け方が決まったら，相続財産の名義変更の手続をします。

名義変更手続が必要となる相続財産は，銀行預金や，有価証券，不動産，自動車，ゴルフ会員権，電話加入権などさまざまなものがあります。同時に，生命保険金の請求，年金の請求なども必要となってきます。

これらの財産の名義変更の手続は，届出書や申請書，請求書などさまざまな書類をそろえることが必要となります。さらには提出先も銀行や証券会社，法務局や保険会社などさまざまなため，意外と手間のかかるものです。

ここでは，不動産，銀行預金，株式の名義変更手続及び生命保険金の請求の手続について説明していきます。

1 遺産分割協議が終わったら名義変更が必要

遺産分割協議により，財産を特定することができそれをどうやって分けるかということまで決まったら，遺産分割協議書を作成することになりますが，遺産分割協議書を作成すれば，それで手続が完了するわけではありません。意外と手間のかかる手続が残っています。それが，相続財産の名義変更の手続です。

名義変更手続とは，被相続人の所有していた財産の名義を，被相続人の名義から相続人の名義に変更する手続のことです。

名義変更手続をしないと，たとえば相続により取得した不動産を売却しようと思ったときに売却することができないなどの問題が生じます。

そのため，遺産分割協議が終わったら，名義変更手続をすることが必要です。

2　名義変更はいつまでにしなければならないか

　名義変更の手続は「いつまでにやらないといけない」という，法律上の期間の定めはありません。そのため，被相続人が亡くなった後，名義変更手続をせずに何年も放っておいても何かの罪に問われるということはありません。

　しかし，名義変更手続をしなければさまざまな問題が生じることが想定されるため，遺産分割協議が終わったら，速やかに手続を行うべきです。

　たとえば，不動産の名義変更手続をせずに被相続人の名義のままで放っておくと，相続人のうちだれがその不動産を取得したのかわかりません。また，名義変更手続をしないと相続人は不動産を処分することができず，さらには不動産を担保に銀行から借入を行うこともできません。いざ不動産を売却したいと思ったときに売却できないと，大きな不利益を被ることも考えられるので，すぐに名義変更の手続を行うようにしましょう。

　また，名義変更の手続を長く放っておいている間に相続人も亡くなってしまい，新たな相続が発生し新たな相続人が登場することがあります。この場合は，相続手続が面倒になることが考えられます。

　名義変更手続は手間のかかるものですが，それを放っておくとさらに面倒なことになります。自分だけでなく，自分の配偶者や子どもに迷惑をかけないためにも，遺産分割協議が終わったら，速やかに名義変更手続を行いましょう。

3　不動産の名義変更

　被相続人が土地や建物などの不動産を所有していた場合には，その不動産は不動産登記がなされています。そのため，土地や建物などの不動産を取得した相続人は不動産登記簿に記載された名義を被相続人から相続人へ書き換えるために，所有権移転の登記申請を行います。

　相続財産のなかで，土地や建物などの不動産は金額が大きいです。また，取得した不動産を売却する場合には，名義が相続人に書き換えられていることが

必要です。そのため，不動産の名義変更手続は相続手続のなかでも最も重要なものの1つであるといえます。

所有権移転の登記申請は，不動産の所在地を管轄とする法務局で行います。不動産登記の申請は，原則的には買主と売主が共同で申請しますが，相続による登記の場合には，被相続人が亡くなっているため相続人のみが単独で登記申請を行うことになります。

一般的な登記申請に際して必要な書類は，次のようなものです。

- 登記申請書
- 戸籍謄本及び除籍謄本（被相続人）
- 被相続人の戸籍の附票の写し又は住民票の写し（被相続人）
- 戸籍謄本又は正本（相続人全員）
- 相続人の住民票の写し（登記権利者である相続人）
- 遺産分割協議書
- 固定資産課税評価証明書

登記申請書には，まず登記の目的や登記原因を記載します。登記の目的は，相続による所有権移転である場合には所有権移転と記載し，登記の原因は，相続開始の日にちの後に相続と記載します。また，相続人及び被相続人の氏名も記載します。さらに，添付書類や申請を行った日にち，土地や建物の所在や地番，地目などの不動産情報を記載します。

＜登記申請書＞

```
           登 記 申 請 書

登記の目的    所有権移転
原    因    平成28年2月1日相続
相 続 人    （被相続人 法 務 太 郎）
（申請人）   ○○市○○町二丁目12番地
         持分2分の1    法 務 花 子 ㊞
         ○○郡○○町○○34番地（住民票コード12345678901）
         持分4分の1    法 務 一 郎 ㊞
         ○○市○○町三丁目45番6号
         持分4分の1    法 務 貴 子 ㊞
         連絡先の電話番号00-0000-0000
添付情報
   登記原因証明情報    住所証明情報
□登記識別情報の通知を希望しません。
平成30年3月31日申請  ○○法務局（又は地方法務局）○○支局（又は出張所）

課税価格  金2,000万円

登録免許税  金80,000円

不動産の表示
   不動産番号    1234567890123
   所    在    ○○市○○町一丁目
   地    番    23番
   地    目    宅地
   地    積    123.45平方メートル

   不動産番号    0987654321012
   所    在    ○○市○○町一丁目23番地
   家 屋 番 号    23番
   種    類    居宅
   構    造    木造かわらぶき2階建
   床 面 積    1階 43.00平方メートル
             2階 21.34平方メートル
```

4　不動産の名義変更にかかる費用

　不動産の名義変更手続をするにあたってかかる費用は，①不動産登記に際してかかる税金である登録免許税と，②戸籍謄本などの必要書類を取得するためにかかる費用，さらに③登記申請を司法書士に依頼した場合にかかる司法書士への報酬があります。①と②の費用は自分自身で登記申請をした場合も，あるいは司法書士へ依頼した場合もどちらにおいてもかかる費用です。③の司法書

士への報酬は，司法書士へ依頼をした場合のみかかります。

　まず，①の登録免許税は，不動産の価額に0.4％の税率をかけた額となります。登録免許税の税率は，登記の原因によって変わりますが，不動産を相続により取得する場合と遺贈により取得する場合は，どちらも税率は0.4％です。また，税率がかけられるもととなる不動産の価額は，原則として固定資産評価額となります。たとえば固定資産評価額が1億円の土地を相続した場合に支払うべき登録免許税は，1億円に0.4％をかけた40万円となります。

　②の戸籍謄本などの必要書類を取得するためにかかる費用は，それぞれ数百円から千円前後となります。

　③の登記申請を司法書士に依頼した場合にかかってくる司法書士への報酬は，法律上一律に定められているわけではなく，依頼をする司法書士や事務所によって異なってきます。基本的には，不動産の価格が高くなればなるほど報酬は高くなります。また，不動産の数や所在地によっても価格は変動することがあります。司法書士へ依頼すると，戸籍謄本の収集等も代わりにしてもらうことができるため，手続の手間や労力を考えたうえで専門家である司法書士に依頼することを検討してもよいでしょう。

　なお，司法書士へ登記申請を依頼するなど，登記申請を自分自身でなく代理人によって行う場合には，委任状などの代理権限証書を添付する必要があります。

<委 任 状>

委 任 状

　私は，○○市○○町○○番地　乙野二郎　に，次の権限を委任します。

1　下記の登記に関し，登記申請書を作成すること及び当該登記の申請に必要な書面と共に登記申請書を管轄登記所に提出すること
2　登記が完了した後に通知される登記識別情報通知書及び登記完了証を受領すること
3　登記の申請に不備がある場合に，当該登記の申請を取下げ，又は補正すること
4　登記に係る登録免許税の還付金を受領すること
5　上記1から4までのほか，下記の登記の申請に関し必要な一切の権限

　平成30年3月31日
　　　　　　　　○○郡○○町二丁目12番地
　　　　　　　　　　法　務　花　子　印

記

登記の目的　　所有権移転

原　　　因　　平成30年2月1日相続

相　続　人　　（被相続人　法務太郎）
　　　　　　　○○市○○町二丁目12番地　　持分2分の1　　法務花子
　　　　　　　○○郡○○町○○34番地　　　持分4分の1　　法務一郎
　　　　　　　○○市○○町三丁目45番6号　持分4分の1　　法務貴子

不動産の表示
　所　　在　　○○市○○町一丁目
　地　　番　　23番
　地　　目　　宅地
　地　　積　　123・45平方メートル

　所　　在　　○○市○○町一丁目23番地
　家屋番号　　23番
　種　　類　　居宅
　構　　造　　木造かわらぶき2階建
　床面積　　　1階　43・00平方メートル
　　　　　　　2階　21・34平方メートル

＊　これは，記載例です。この記載例を参考に，申請の内容に応じて作成してください。

5　銀行預金の名義変更

　被相続人が亡くなったときのほとんどの場合において，銀行などの金融機関に預け入れている預金があるはずです。この預金は，相続が開始すると相続人全員の共有財産となります。そのため，遺産分割が確定するまでの間に，相続人のうちだれかが勝手に被相続人の預金口座からお金を引き出すことを防止するために，銀行などの金融機関は，相続があったことを知るとすぐに預金の支払いを凍結します。

　銀行預金の名義変更手続に関する流れとしては，まず被相続人が亡くなったことを被相続人名義の口座がある金融機関に伝えるために，電話をするか直接窓口に行くことになります。金融機関への連絡が遅れ，金融機関が預金の支払いの凍結が遅れた場合には，水道光熱費などの支払処理が勝手にされることもあるため，この連絡はすぐにするようにしましょう。金融機関に連絡を済ますと，次のような書類を準備し提出する必要があります。

- 金融機関所定の払戻依頼書（相続人全員の署名・捺印が必要）
- 金融機関所定の死亡届出書
- 遺産分割協議書又は遺言書（口座を誰が取得したかを証明するもの）
- 被相続人の戸（除）籍謄本（亡くなった方が生まれてから亡くなるまでのもの）
- 相続人全員の戸籍謄本
- 相続人全員の印鑑証明書（3か月以内のもの）
- 預金通帳，キャッシュカード，届出印

　なお，ここでの必要書類は金融機関によって異なることが多いため，事前に確認しておくことが大切です。

　この手続が完了すると，預金を引き出したり，解約したりすることが可能となります。

6　株式の名義変更

　株式も不動産や銀行預金と同様に相続財産となります。株式を相続した場合には，上場株式か非上場株式かにより手続は異なります。

　まず，上場株式を相続した場合には，振替機関又は口座管理機関である信託銀行あるいは証券会社で，取引口座の名義変更手続をします。信託銀行や証券会社は顧客から株式の購入や売買の依頼があると顧客ごとに取引口座を開設します。そのため，被相続人の口座に保管している株式を口座から出して，相続人の口座に移す手続が必要になります。なお，株式を相続する人が，その被相続人の取引口座がある信託銀行や証券会社に口座を持っていないときには，新たに口座を開設する必要があります。

　信託銀行や証券会社の取引口座の名義変更手続には，一般的に次のような書類を証券会社に提出して行います。

- 証券会社等所定の株式名義書換請求書
- 遺産分割協議書又は遺言書
- 被相続人の除籍謄本
- 相続人全員の戸籍謄本
- 相続人全員の印鑑証明書（3か月以内のもの）

　なお，ここでの必要書類は金融機関によって異なることが多いため，事前に確認しておくことが大切です。

　証券会社での名義変更手続を終えると，株式を発行している会社の株主名簿の名義変更手続が必要となりますが，この作業は証券会社が行ってくれます。代行をしてもらうために必要な書類は，相続人全員の同意書のみです。相続人全員の同意書は所定の用紙があるので証券口座に問い合わせるとよいでしょう。

　なお，非上場株式は取引されている市場がなく，それぞれの会社により取扱いが異なるため，会社に事前に確認することが確実です。

7　死亡保険金の請求

　被相続人が生命保険に加入していた場合には，死亡保険金が受け取れることがあります。死亡保険金は，被相続人が亡くなった時点において所有してした財産ではありません。被相続人が亡くなった後に保険会社から支払いが行われるものです。そのため，銀行預金のように金融機関で凍結されることはありません。

　死亡保険金の受け取りは，保険会社に対して請求をします。死亡保険金を請求する手続は生命保険会社によって異なるため，保険証券などを手掛かりに保険会社に連絡をして，具体的な手続を確認しましょう。保険会社に連絡をする際には，被相続人の氏名や亡くなった日，死亡原因を伝えるほか，保険証券の番号や，保険金の受取人の氏名や受取人と被保険者との続柄を伝えるようにしましょう。

　死亡保険金の請求に際し保険会社に提出することが必要となる書類は，一般的に次のようなものがあります。

- 保険会社所定の保険金請求書
- 保険証券
- 医師発行する死亡診断書・死体検案書
- 被保険者の住民票・戸籍謄本
- 保険金受取人の印鑑証明書
- 死亡の原因が不慮の事故によるものである場合には，災害事故証明書件交通事故状況届出書・交通事故証明書

　なお，銀行預金や株式の名義変更の際の提出書類には遺産分割協議書の提出が必要でしたが，死亡保険金の支払いは民法上の本来の相続財産ではなく遺産分割協議を経ずに行われるため，ここでの提出書類に含まれません。必要書類は保険会社によって異なることが多いため，事前に確認しておくことが大切です。

また，死亡保険金の受取人が2人以上の場合や，受取人が既に死亡しているにもかかわらず別に受取人の指定がされていない場合など，受取人が1人に特定できないときは，受取人全員の協議により代表者を決めて，保険金の支払いの請求をすることになりますが，この際，「代表選任届」を保険会社に提出することが必要になります。

＜保険金請求書＞

保険金請求書　兼　据置申込書

〇〇 生命保険相互会社　御中
下記契約の保険金の支払いを請求いたします。

| 証券番号 | 1 7 6 7 0 2 8 8 8 3 3 8 7 | 被保険者 (亡くなられた方) | 〇〇　〇〇　様 |

請求日　平成 〇 年 〇 月 〇 日

受取人住所　〒161-□□　電話（　）-（　）-（　）
新宿区下落合〇-〇-〇

（代表）受取人　フリガナ　〇〇　〇〇　ご印鑑㊞
※印鑑証明書と同一の印を押印してください。

親権者・後見人　フリガナ　ご印鑑

据置き（保険金据置きに関する約定に基づき保険金据置きを申し込みます。）
① 全額据置き
② 一部据置き（30万円以上、万円単位で全額をご指定ください。）
百万　7 0 0 0 0 0 0

据置期間　① 5年　② 10年
※お支払いの対象となったご契約の保険期間が10年未満の場合は据置期間は5年です。

一部据置きの場合、残額の受取方法をご指定ください。

ご希望の受取方法（〇で囲んで下さい）
① 銀行振込　〇〇 信用金庫　新宿支店　店番 1 6 0
銀行番号　口座名義 フリガナ
種目　① 普通　② 当
口座番号 3 3 3 8 8 8 8

② 郵便振替　「払出証書」がお手もとへ届くまでには1週間ほどかかります。

家庭安心プラン・新家庭安心プランの年金受取方法をご指定ください。（保険種類記号が木またはルではじまる契約）
① 一時金　② 逓増年金　③ 年金保険加入（「一時金請求書兼年金保険契約申込書」をご提出ください。）

保険証券紛失届　受取人の印鑑証明書をご提出ください。保険証書を紛失しましたのでお届けします。後日発見したときはただちに返還いたします。　ご印鑑

領収証　店頭でのお受取りの場合のみご記入ください。
右の金額を確かに領収しました。百万　千　円
平成　年　月　日　氏名　ご印鑑
収入印紙200円 法人契約で店頭受取りかつ領収額3万円以上のとき

会社使用欄

備考	災S処理 認証	請求取次者	案内調整	処理 認証	受付
		支部／支部コード	¥ 1.入金 2.調整		支社コード
		氏名／個人コード			
据置 証書送付 振替伝票 認証 担当	点検	証・照・職・別・確・直認 確認方法 氏名 ㊞ 返還書類	点検	点検	不備整備印
		同時請求証券番号 保険種類記号 保険種類記号	医務査定用使用欄 担当	担当	書類受付印

＜代表選任届＞

代 表 選 任 届

○○ 生命保険相互会社　御中

| 証券番号 | 保険種類記号 イ8 | 証券番号 8 7 0 2 8 9 9 9 9 9 |

の保険金・年金の受領について受取人全員の協議により，私が代表者となりましたので全額を私にお支払いください。万一，本件に関し，異議を申し立てる者がありましても下記署名の者全員で解決し，貴社に対しては一切ご迷惑をかけません。

平成 ○ 年 ○ 月 ○ 日

代表受取人
現住所　新宿区下落合○－○－○
氏　名　○○　○○　㊞

受取人
現住所　新宿区高田馬場○－○－○
氏　名　○○　○○　㊞

受取人
現住所　_____
氏　名　_____㊞

受取人
現住所　_____
氏　名　_____㊞

受取人
現住所　_____
氏　名　_____㊞

代表選任届　ご記入時の注意

1. 代表選任届は，次のⓐ～ⓒの場合必要となります。それ以外はの場合はご提出不要です。

   ⓐ 受取人が2名以上指定されているとき
   ⓑ 受取人が相続人とされているとき　　保険証券の死亡保険金受取人欄でご確認ください。
   ⓒ 受取人が，既にご死亡されあらたな受取人の指定がないとき

2. 受取人欄には，代表受取人になられる方以外の受取人が，ご署名ご押印ください。

3. **相続人の決定順位**

	配偶者のない場合	配偶者のある場合
第1順位	直系卑属……子	直系卑属と配偶者
第2順位	直系卑属…父，母	直系卑属と配偶者
第3順位	兄弟姉妹	兄弟姉妹と配偶者

●第1順位の方々がいる場合は第2，第3順位の方々は相続人とはなりません。同じように第2順位の方々がいる場合には第3順位の方々は相続人とはなりませんのでご注意ください。

★ 配偶者とは内縁の妻または内縁の夫は含まれません。戸籍上の妻，または夫のことをいいます。
★ 子とは実子はもちろん養子も含みます。

第5章

相続税の申告手続

5-1 相続税の申告手続

相続税の計算や申告書の作成は複雑で多岐に渡りますので，手続にはかなりの手間がかかります。限られた期限内で手続を完了させる必要がありますので，申告手続に際し，誰がどのような資料を，いつまでにどこへ提出する必要があるのか，手続を始める前に確認しておきましょう。

1 申告は誰がするのか

相続税の申告は，相続財産の課税価格が基礎控除という一定の非課税枠を超える場合に必要となります。基礎控除の範囲内であれば相続税を申告する必要はありません。ただし，配偶者の税額軽減などの特例を使って相続税が０円となる場合があります。特例を利用している場合には相続税が０円であっても申告義務がありますので，注意してください。

相続税の申告が必要な場合は，財産を取得した相続人が共同して申告書を作成し税務署へ提出することとなりますが，相続人間で連絡が取りづらいといった事情がある場合に申告書を共同で作成して提出できないこともあります。そのような場合には，別々に申告書を提出しても問題ありません。

2 申告はいつまでにしなければならないのか

相続税の申告は，その相続の開始があったことを知った日（一般的には，被相続人が亡くなった日）から，10か月以内に申告しなければなりません。なお，提出期限が日曜祝日などの休日にあたる場合には，その翌日が申告期限となります。

3 分割協議がまとまらなかったとき

相続税の申告は10か月という期限がありますが、話し合いがうまくまとまらずに分割協議が10か月以内に終わらないということもあります。この場合には、申告はどのようにしたらよいのでしょうか。

分割協議は法的に期限が定められていませんので、仮に分割協議がまとまっていなくても法的に問題となることはありません。しかしながら、相続税の申告は10か月以内と決められています。もしも10か月以内に分割協議が終わらないという場合には、ひとまず法定相続分どおりに相続をしたものとして相続税を計算して申告・納税をします。そして、分割協議が完了したら修正申告又は更正の請求をすれば、本来負担すべき相続税を申告・納税することができます。

ただし、この方法によると、利用することができたはずの特例制度を受けることができなくなってしまう恐れがあります。相続税の負担を減らすことができる小規模宅地等の特例や配偶者の軽減税額の特例などを適用したい場合には、未分割で当初申告する際に、「申告期限後３年以内の分割見込書」を税務署に提出しておく必要があります。そして、申告期限から３年以内に遺産分割ができた場合には、特例の適用を受けることができ、当初の納税額が多い場合には相続税が還付されます。

4 申告はどこにするのか

申告は各相続人が別々の税務署へするのではなく、被相続人（亡くなった人）が亡くなった時の住所地を管轄する税務署へ申告します。相続人ではなく被相続人の住所地ですので、注意してください。

5　申告に必要な書類はどのようなものがあるのか

　相続税の申告書や相続財産の評価明細などは税務署で入手することができますが，インターネットでダウンロードすることもできます。また，税理士などの専門家に申告書の作成を依頼している場合には，申告書などの準備は専門家に任せておけば問題ありません。

　相続税の申告にあたって大事なことは，申告の際に添付する申告内容の財産や債務の裏付け資料を用意しておくことです。用意する資料を大きく分類すると，身分に関する書類・財産に関する書類・債務に関する書類です。添付資料の例を一覧にしましたので，参考にしてください。

<添付資料の例>

分類	内容	書類
身分関係	被相続人と相続人の関係を明らかにする書類など	・家系図 ・被相続人の略歴書 ・被相続人の戸籍謄本など ・相続人全員の戸籍謄本，住民票など ・遺言書又は遺産分割協議書のコピー
財産	預貯金	・預貯金の残高証明書（相続開始日のもの） ・被相続人の預貯金通帳コピー ・相続人など家族名義の預金通帳コピー
	土地・建物	・登記簿謄本 ・固定資産税の評価証明書 ・実測図，公図など ・土地，建物賃貸借契約書
	保険・年金など	・保険金支払い通知書 ・年金証明書 ・保険証券
	有価証券	・証券会社の預かり証明書 ・有価証券残高証明書（相続開始日のもの） ・配当金通知書 ・非上場株式の場合には，株式発行会社の過去3年分の申告書，決算書，内訳書など ・非上場株式の株主名簿

債務	退職金	・勤め先からの支払通知書など
	借入金	・借入金残高証明書（相続開始日のもの） ・金銭消費貸借契約書のコピー
	未払金	・医療費，保険料，公共料金などの領収書・請求書など ・未払いの税金資料（課税通知書や納付書など）
	葬儀費用など	・領収書など

　これら書類のうち該当があるものについて，書類を揃えて相続税の申告書と一緒に提出をすることになります。大変な作業となりますので，書類の整理をあらかじめしておくようにしましょう。

6　相続税はどのように計算されるのか

　相続税は，相続財産の課税価格が基礎控除を超えた場合に申告をします。まず，相続が発生したことによって受け取る財産の課税価格の計算をします。そして，相続税総額を算出し，その次に各相続人の相続税額を計算します。最後に税額控除などの特例を考慮して各相続人の納付税額を計算していきます。

　まとめると，相続税の計算は，次の4つの段階に分けて計算をしていきます。

---
(1) 課税価格の計算
(2) 相続税額総額を計算
(3) 各相続人の相続税額の計算
(4) 各相続人の納付税額の計算

---

(1) 課税価格の計算

　課税価格は，次のように計算します。

課税価格＝相続財産＋みなし相続財産－非課税財産－債務及び葬式費用
　　　　＋相続開始前3年以内の贈与財産

みなし財産とは，主に死亡保険金や死亡退職金です。被相続人の財産ではなく，受取人固有の財産となりますが，相続税法上みなし財産として相続税の対象とされます。ただし，死亡保険金・退職金には一定金額まで非課税となる非課税枠がありますので，非課税枠内の財産であれば非課税財産となります。そのほか，非課税財産にはお墓や仏具などの祭祀財産が含まれます。また，債務及び葬式費用について，債務には借入金や医療費・未払いとなっている公共料金などのマイナス財産が該当します。なお，相続開始前3年以内の贈与財産は相続財産とみなされて，相続税の対象として計算されることになります。

　前掲の計算式で算出した課税価格から基礎控除を差し引いた結果，課税価格が基礎控除を下回れば相続税が発生しませんので，相続税の申告も不要です。この基礎控除は，「3,000万円＋600万円×法定相続人の数」で計算をします。仮に，法定相続人数が3人だとすると，基礎控除は4,800万円となります。なお，この基礎控除を計算するにあたって利用する法定相続人の数に加える養子の人数には制限があり，実の子どもがいる場合には1人，実子がいない場合には2人と定められています。法定相続人の数が多ければ多いほど基礎控除の金額を増やすことができ，相続税を逃れることが可能となってしまいます。それを防ぐために，このような制限が定められています。

　課税価格が基礎控除を上回ると，次に各相続人の課税価格を計算する必要があります。課税価格から基礎控除を差し引いた金額を法定相続分で分けて，各相続人の課税価格が算出されます。

(2) 相続税額総額を計算

　(1)で計算した各相続人の課税価格に応じた相続税の税率を乗じて税額を算出し，各相続人の税額を足して相続税額の総額を計算します。税率表は次のとおりで，財産が多ければ多いほど税率が高くなります。

<相続税の速算表>

法定相続分に応ずる取得金額	税　率	控　除　額
1,000万円以下	10%	－
3,000万円以下	15%	50万円
5,000万円以下	20%	200万円
1億円以下	30%	700万円
2億円以下	40%	1,700万円
3億円以下	45%	2,700万円
6億円以下	50%	4,200万円
6億円超	55%	7,200万円

(3) 各相続人の相続税額の計算

　(2)で計算した相続税の総額を各相続人の課税価格割合（実際の遺産分割割合）で按分計算します。申告時点で遺産分割が終わっていない場合は，法定相続割合で按分計算します。なお，被相続人の配偶者や両親，子ども以外の者が相続財産を取得した場合には，その相続人の算出税額にその２割分を相続税額に加算します。たとえば，被相続人の兄弟姉妹が財産を取得した場合には，その者の相続税額が２割増になります。

(4) 各相続人の納付税額の計算

　(3)で計算した各相続人の相続税額から，配偶者の税額軽減などの税額控除を適用できる相続人はその分を相続税額から差し引いて最終的な納付税額を計算します。

　上述した相続税の算出について具体的に計算した結果が，次のとおりです。課税価格１億円，相続人を３名（配偶者，子ども２人）とし，配偶者が4,000万円，子どもが3,000万円ずつ取得した場合で配偶者は配偶者の税額軽減を適用することを前提として計算しています。

<計 算 例>

① 課税価格の計算

課税価額　　1億円 − 基礎控除*¹ 4,800万円 = 5,200万円

配偶者　　　5,200万円 × 2分の1 *² = 2,600万円

子ども①　　5,200万円 × 2分の1 *² × 2分の1 = 1,300万円

子ども②　　5,200万円 × 2分の1 *² × 2分の1 = 1,300万円

　　　　　　*1　3,000万円 + 600万円 × 3 = 4,800万円
　　　　　　*2　法定相続分

② 相続税額総額を計算

配偶者　　　2,600万円 × 15% − 50万円 = 340万円

子ども①　　1,300万円 × 15% − 50万円 = 145万円

子ども②　　1,300万円 × 15% − 50万円 = 145万円

　　　　　　　　　　　　　　　計　　630万円

③ 各相続人の相続税額の計算

配偶者　　　630万円 × 4,000万円／1億円 = 252万円

子ども①　　630万円 × 3,000万円／1億円 = 189万円

子ども②　　630万円 × 3,000万円／1億円 = 189万円

④ 各相続人の納付税額の計算

配偶者　　　配偶者控除により相続税は0円

子ども①　　納付税額　189万円

子ども②　　納付税額　189万円

　以上のように，配偶者は配偶者控除の特例を適用して相続税額が0円となります。子ども①・②は，税額控除の適用が何もないため，それぞれ189万円を納付することになります。

5-2 財産の評価はどのようにするのか

　相続財産の評価はとても重要です。納めるべき相続税がいくらなのか計算をするためには，相続財産の評価額が算定できなければならないですし，遺産分割協議を行う際にも相続財産の評価額がわからなければ話し合いが進められません。

　相続財産は，現金や株式，土地や建物などさまざまですが，相続財産の評価額は原則として，相続開始日（被相続人が亡くなった日）の「時価」とされています。しかし，この「時価」が具体的にどういうものを指すのか曖昧だと，公平に課税することができません。そこで，国税庁が「財産評価基本通達」と呼ばれる指標を公表していて，相続財産を評価するときの基本的な取扱いを定めています。実務上は，この「財産評価基本通達」の評価基準に従って評価をしていくことになります。

　ここでは，相続財産の評価方法について詳しくみていきます。

1　土地の評価方法と必要書類

　宅地（土地）の評価方法には，基本的に「路線価方式」と「倍率方式」があります。「路線価方式」は，主に市街地にある宅地を評価する場合に用いられます。「倍率方式」は，主に郊外地など路線価が設定されていない地域の宅地を評価する場合に用いられます。

(1) 路線価方式

　市街地にある宅地など路線価が定められている地域にある宅地は，主に路線価方式により評価されます。路線価とは，道路に面する標準的な宅地の1㎡当たりの価格のことで，この路線価に宅地の面積をかけて宅地の評価額を算出するのが基本です。たとえば，路線価が10万円で宅地の面積が25㎡であれば，宅

地の評価額は250万円となります。

　路線価は，国土交通省が公表する公示価格や実際の売買事例などを参考にして国税庁が公表しており，1年に一度更新されます。路線価は，税務署に行くと確認することができますが，国税庁のホームページにも掲載されているので，インターネットから簡単に確認することもできます。

　ただし，評価額を算定する土地の単位は，登記されている単位ではなく，利用単位ごとなので注意が必要です。たとえば，登記簿上2筆に分かれていたとしても実際に1つの土地として利用しているのであれば，全体を1つの土地として評価します。宅地の面積を確認したい場合には，土地の登記簿謄本や固定資産課税評価証明書を確認するとよいです。

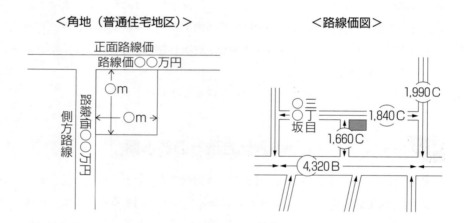

　この路線価図の1660Cや1840Cが路線価です。路線価は千円単位で表示されているため，1660Cの場合には，1㎡当たり166万円ということになります。ここでの，Cは借地権割合を表していて，Aは90％，Bは80％，Cは70％のように記号によりそれぞれの借地権割合が定められています。

　また，路線価は基本的に正方形の土地を想定していますが，実際の土地は形状や奥行きの深さなどがさまざまなので，土地の形状や条件によっては，路線価に一定率をかけて修正が加えられることがあります。たとえば，道路からの

距離が短すぎるあるいは長すぎる宅地や，いびつな形となっている宅地，間口が狭い宅地，がけ地などの場合には，一定の補正が加えられ評価が下がることになります。一方で，角地など2以上の道路に面していて利用価値が高い宅地の場合には，一定の補正が加えられ評価が上がることもあります。

(2) 倍率方式

全国の主要な市街地の道路には路線価が設定されていますが，入り組んだ地形のなかや田畑や農地など，路線価が設定されていない地域もあります。路線価が設定されていない地域の宅地を評価する場合には「倍率方式」が用いられます。

この「倍率方式」による評価は，原則として宅地の固定資産税評価額に一定の倍率をかけて評価額を算出します。たとえば，宅地の固定資産評価額が1億円で，倍率が1.3倍のときのその宅地の評価額は1億3,000万円となります。

一定の倍率は地目や場所ごとに定められていて，倍率は各税務署で確認できますが，国税庁のホームページにも掲載されているので，インターネットから簡単に確認することもできます。また，固定資産評価額については，固定資産税評価証明書で確認することができます。

(3) 貸家建付地の評価方法

土地の上に建物が建っている場合で，その建物を他人に賃貸していることはよくあることです。この場合の敷地となっている土地の評価額は，通常の土地の評価額よりも低く評価されます。これは，賃借人がいることによって，土地の利用などに制限がかかってくるためです。

この場合の評価は，次の方法によります。

> 土地の相続税評価額×(1−借地権割合×借家権割合×賃貸割合)

土地及び土地の上に存する権利の評価明細書（第1表）

局(所)	署
年分	ページ

（平成三十年分以降用）

(住居表示)	(	)	住所(所在地)		住所(所在地)	
所在地番			所有者 氏名(法人名)		使用者 氏名(法人名)	

地目	地積	路線価				地形図及び参考事項
宅地 原野 田 雑種地 畑 [ ] 山林	㎡	正面 円	側方 円	側方 円	裏面 円	

間口距離	m	利用区分	自用地 貸家建付地 借地権 貸宅地 転貸借地権 貸家建付借地権 転借権 借地権 借家人の有する権利 私道	地区区分	ビル街地区　普通住宅地区 高度商業地区　中小工場地区 繁華街地区　大工場地区 普通商業・併用住宅地区
奥行距離	m				

自用地1平方メートル当たりの価額

	区分	内容	1㎡当たりの価額	記号
自用地1平方メートル当たりの価額	1	一路線に面する宅地 （正面路線価）　　　（奥行価格補正率） 　　　円 ×	円	A
	2	二路線に面する宅地 （A） ［側方 ・裏面 路線価］（奥行価格 補正率）［側方 ・二方 路線影響加算率］ 　　円 ＋ （　　円 × ． × ０． ）	円	B
	3	三路線に面する宅地 （B） ［側方 ・裏面 路線価］（奥行価格 補正率）［側方 ・二方 路線影響加算率］ 　　円 ＋ （　　円 × ． × ０． ）	円	C
	4	四路線に面する宅地 （C） ［側方 ・裏面 路線価］（奥行価格 補正率）［側方 ・二方 路線影響加算率］ 　　円 ＋ （　　円 × ． × ０． ）	円	D
	5-1	間口が狭小な宅地等 （AからDまでのうち該当するもの）（間口狭小 補正率）（奥行長大 補正率） 　　　円 × （　．　 × 　． ）	円	E
	5-2	不整形地 （AからDまでのうち該当するもの）　不整形地補正率※ 　　　円 × ０． ※不整形地補正率の計算 （想定整形地の間口距離）（想定整形地の奥行距離）（想定整形地の地積） 　　m × 　　m ＝ 　　㎡ （想定整形地の地積）（不整形地の地積）（想定整形地の地積）（かげ地割合） （　㎡ － 　㎡）÷ 　㎡ ＝ 　　％ （不整形地補正率表の補正率）（間口狭小補正率）（小数点以下2位未満切捨て）［不整形地補正率 ①、②のいずれか低い 率、0.6を限度とする。］ 　　０． × 　． ＝ ０． ① （奥行長大補正率）（間口狭小補正率） 　　　． × 　． ＝ ０． ②	円	F
	6	地積規模の大きな宅地 （AからFまでのうち該当するもの）　規模格差補正率※ 　　　円 × ０． ※規模格差補正率の計算 （地積(Ⓐ)）（Ⓑ）（Ⓒ）（地積(Ⓐ)）（小数点以下2位未満切捨て） （　㎡× 　＋　 ）÷ 　㎡ × 0.8 ＝ ０．	円	G
	7	無道路地 （F又はGのうち該当するもの）　（※） 　　　円 × （ 1 － ０． ） ※割合の計算（0.4を限度とする。） （正面路線価）（通路部分の地積）（F又はGのうち該当するもの）（評価対象地の地積） （　円 × 　㎡ ）÷ （　円 × 　㎡ ）＝ ０．	円	H
	8	がけ地等を有する宅地 （AからHまでのうち該当するもの）　〔南 、東 、西 、北〕（がけ地補正率） 　　　円 × ０．	円	I
	9	容積率の異なる2以上の地域にわたる宅地 （AからIまでのうち該当するもの）（控除割合（小数点以下3位未満四捨五入）） 　　　円 × （ 1 － ０． ）	円	J
	10	私道 （AからJまでのうち該当するもの） 　　　円 × 0.3	円	K

自用地の評価額	評価額	自用地1平方メートル当たりの価額 （AからKまでのうちの該当記号） （ ） 　　円	地積 ㎡	総額 （自用地1㎡当たりの価額）×（地積） 円	L

(注) 1　5-1の「間口が狭小な宅地等」と5-2の「不整形地」は重複して適用できません。
　　 2　5-2の「不整形地」の「AからDまでのうち該当するもの」欄の価額について、AからDまでの欄で計算できない場合には、（第2表）の「備考」欄等で計算してください。

土地及び土地の上に存する権利の評価明細書（第2表）

（平成三十年分以降用）

			記号
セットバックを必要とする宅地の評価額	(自用地の評価額) 円 － ((自用地の評価額) 円 × (該当地積)／(総地積) × 0.7)	(自用地の評価額) 円	M
都市計画道路予定地の区域内にある宅地の評価額	(自用地の評価額) 円 × 0.(補正率)	(自用地の評価額) 円	N

大規模工場用地等の評価額	○ 大規模工場用地等 (正面路線価) 円 × (地 積) ㎡ （地積が20万㎡以上の場合は0.95）	円	O
	○ ゴルフ場用地等 (宅地とした場合の価額)(地積) (円 × ㎡×0.6) －((1㎡当たり)／(の造成費) 円 × (地積) ㎡)	円	P

	利用区分	算　式	総　　額	記号
総額計算による価額	貸宅地	(自用地の評価額)　　(借地権割合) 円 × (1－0.　)	円	Q
	貸家建付地	(自用地の評価額又はS)　(借地権割合)(借家権割合)(賃貸割合) 円 × (1－0.　×0.　×㎡／㎡)	円	R
	目的となっている土地	(自用地の評価額)　　(　割合) 円 × (1－0.　)	円	S
	借地権	(自用地の評価額)　　(借地権割合) 円 × 0.	円	T
	貸家建付借地権	(T,AAのうちの該当記号)　(借家権割合)(賃貸割合) (　) 円 × (1－0.　× ㎡／㎡)	円	U
	転貸借地権	(T,AAのうちの該当記号)　(借地権割合) (　) 円 × (1－0.　)	円	V
	転借権	(T,U,AAのうちの該当記号)　(借地権割合) (　) 円 × 0.	円	W
	借家人の有する権利	(T,W,AAのうちの該当記号)　(借家権割合)(賃借割合) (　) 円 × 0.　× ㎡／㎡	円	X
	（　）権	(自用地の評価額)　　(　割合) 円 × 0.	円	Y
	権利が競合する場合の他の権利と競合する場合の土地	(Q,Sのうちの該当記号)　(　割合) (　) 円 × (1－0.　)	円	Z
	他の権利と競合する場合	(T,Yのうちの該当記号)　(　割合) (　) 円 × (1－0.　)	円	AA

備考	

(注) 区分地上権と区分地上権に準ずる地役権とが競合する場合については、備考欄等で計算してください。

(資4-25-2-A4統一)

第5章　相続税の申告手続

2　建物の評価方法と必要書類

(1) 建　　物

　建物の評価額は，固定資産税評価額と同額になります。

　そのため，毎年4月ごろに都税事務所や各市町村役場から郵送される固定資産税の納税通知書に記載されている固定資産税評価額により確認することができます。

　また，市町村役場で固定資産税評価証明書を取り寄せることにより確認することも可能です。

(2) 貸　　家

　建物を他人に貸している場合には，評価額が減額されます。具体的には，次の方法により評価します。

> 固定資産税評価額×（1－借家権割合×賃貸割合）

　借家権割合は，平成30年においては30％となっています。賃貸割合については，相続開始のときの実際に貸し付けている割合のことで，たとえば部屋が5部屋ある貸家のうち相続開始時に3部屋入居していたときの賃貸割合は60％となります。

　また，相続開始時において空室であっても，その期間が1か月程度などの一時的なものと認められる場合には，賃貸していたとものと認められます。

3　株式の評価方法と必要書類

　株式は，証券取引所に上場されている上場株式から，個人で経営している小さい会社の株式までさまざまなものがあります。ここでは，証券取引所に上場されている「上場株式」の評価方法と，「取引相場のない株式」の評価方法について説明します。

(1) 上場株式

　上場株式とは，東京証券取引所などの金融商品取引所に上場されている株式のことをいいます。

　上場株式は，土日や年末年始を除いて毎日売買が行われており，流通性が高く，第三者間で取引が行われていることから，その取引価格は信頼性が高いため，実際の取引価格にもとづいて評価されます。

　相続財産の評価は，相続開始日の時価で評価されることが原則となっています。そのため，上場株式の評価も本来であれば課税時期（被相続人が亡くなった日）の最終価格（終値）によるべきですが，取引価格は社会情勢や世界情勢によって大きく変動することもあるので，次のうち最も低い価格が評価額となります。

- 課税時期の最終価格（終値）
- 課税時期の月の毎日の最終価格の平均額
- 課税時期の月の前月の毎日の最終価格の平均額
- 課税時期の月の前々月の毎日の最終価格の平均額

　なお，課税時期の最終価格（終値）がない場合には，死亡日に最も近い日の最終価格（終値）によることになっています。また，死亡日までの日数が同じで最終価格（終値）が2つあるときは，その最終価格（終値）の平均額を評価額とします。

上場株式の評価明細書

銘柄	取引所等の名称	課税時期の最終価格		最終価格の月平均額			評価額 ①の金額又は①から④までのうち最も低い金額	増資による権利落等の修正計算その他の参考事項
		月日	① 価額	課税時期の属する月 ② 月	課税時期の属する月の前月 ③ 月	課税時期の属する月の前々月 ④ 月		
			円	円	円	円	円	

記載方法等

1 「**取引所等の名称**」欄には、課税時期の最終価格等について採用した金融商品取引所名及び市場名を、例えば、東京証券取引所の市場第1部の最終価格等を採用した場合には、「東1」と記載します。

2 「**課税時期の最終価格**」の「**月日**」欄には、課税時期を記載します。ただし、課税時期に取引がない場合等には、課税時期の最終価格として採用した最終価格についての取引月日を記載します。

3 「**最終価格の月平均額**」の「②」欄、「③」欄及び「④」欄には、それぞれの月の最終価格の月平均額を記載します。ただし、最終価格の月平均額について増資による権利落等の修正計算を必要とする場合には、修正計算後の最終価格の月平均額を記載するとともに、修正計算前の最終価格の月平均額をかっこ書きします。

4 「**評価額**」欄には、負担付贈与又は個人間の対価を伴う取引により取得した場合には、「①」欄の金額を、その他の場合には、「①」欄から「④」欄までのうち最も低い金額を記載します。

5 各欄の金額は、各欄の表示単位未満の端数を切り捨てます。

(資4−30−A4標準)

(2) 取引相場のない株式

取引相場のない株式とは，東京証券取引所などの金融商品取引所に上場されていない株式のことです。非上場株式といわれることもあります。

取引相場のない非上場株式は，上場株式のように市場で取引が行われることがないため，客観性のある取引価格がありません。そのため，上場株式のように実際の取引価格に基づいて評価することができません。また非上場株式は，上場株式と同程度の規模の大会社から個人で経営している小規模の会社まで含まれていて，その範囲はとても広いです。

そこで，非上場株式の評価は評価会社の規模や業種，株主の状況に応じてそれぞれ異なった評価方法が定められています。

非上場株式の評価は，具体的な計算をする前にその評価対象会社の評価方法を判定しないといけません。そのためどの評価方法が適用されるか判定をするところから始まります。

まず，相続によって非上場株式を取得する人が同族株主に該当するかを判定します。同族株主とは，オーナー社長一族のような会社の経営支配権をもっている株主のことをいいます。非上場株式を取得する人が同族株主に該当するのであれば，次に評価対象会社の規模の判定に移ります。一方で，非上場株式を取得する人が会社の経営支配権をもっておらず同族株主に該当しない場合には，株式の評価方法は「配当還元方式」によって評価されることになります。「配当還元方式」とは，会社の配当実績に基づいて評価する方法です。

非上場株式を取得する人が同族株主に該当しない場合には，評価方法は「配当還元方式」と決定されますが，非上場株式を取得する人が同族株主に該当する場合には，さらに次の判定が必要となります。具体的には，評価対象会社の規模が「大会社」，「中会社」，「小会社」のいずれに該当するのか判定が必要になります。なお，「中会社」はさらに3つに区分されます。会社規模の判定には，評価対象会社の従業員数，総資産価額，取引金額といった基準を用います。

たとえば，従業員数70人以上の会社なので「大会社」，従業員数が5人以下の卸売業の会社で純資産価格が7,000万円未満，1年間の取引金額2億円未満

なので「小会社」などというように，指標と照らし合わせて会社区分を判定していきます。

　評価対象会社の会社規模が決定すると，それぞれの会社規模に応じた評価方法により評価を行います。

　このときの評価方法は，大きく次の3つの評価方法があります。

① 　類似業種比準価額方式

　評価対象会社の業種と類似業種の上場会社の株価を基準に評価を行う方法です。具体的には，評価対象会社と類似業種の上場会社の1株当たり配当金額，1株当たり利益金額，1株当たり純資産価額（簿価）の3つを比較することにより算定されます。基本的には，評価対象会社の経営成績が良いと評価額は高くなります。

② 　純資産価額方式

　評価対象会社が解散した場合に株主1人当たりの分配額により評価する方法です。基本的には，会社が所有している資産の時価が高いと評価額は高くなります。

③ 　上記2つの併用方式

　「類似業種比準価額方式」と「純資産価額方式」を一定の割合で折衷することにより評価する方法です。なお，会社の規模によって折衷割合は変わります。会社規模が小さくなるほど，「類似業種比準価額方式」の比重が小さくなります。

　会社規模が「大会社」に該当する場合には，「類似業種比準価額方式」と「純資産価額方式」のいずれか低い方の金額により評価します。「類似業種比準価額方式」によったほうが「純資産価額方式」よりも株価が低く評価されることが多いため，「大会社」は「類似業種比準価額方式」により評価されることが多いです。

　会社規模が「中会社」もしくは「小会社」に該当する場合には，「併用方式」と「純資産価額方式」のいずれか低い方の金額により評価します。

一般的には,「併用方式」により評価を行ったほうが評価額は小さくなります。

　なお,評価対象会社が「大会社」,「中会社」,「小会社」のいずれかに区分される場合であっても,その評価対象会社の総資産額に占める土地や株式の評価額(いずれも相続税評価額)が高い場合や,開業後3年未満の会社など特定の条件に当てはまる場合には,原則として「純資産価額方式」により評価しなければなりません。

　非上場株式を評価する際に必要となる書類には,評価対象会社の過去3期分の決算書や法人税の確定申告書,直前期の地方税及び消費税等の確定申告書のほか,直近の固定資産台帳や株主名簿などが必要になります。

4　預貯金,公社債の評価方法と必要書類

(1) 預 貯 金

　相続財産のなかにはほとんどの場合,預貯金がありますが,預貯金のうち普通預金や通常貯金については,相続発生日の預入残高がそのまま評価額となります。

　しかし,預貯金のうち定期預金や定額貯金などの定期性のものについては,相続発生日の預入残高がそのまま評価額となるわけではありません。具体的には,預け入れている金額に既経過利子(相続開始日に解約した場合に受け取ることのできる利息額)を加算した金額から,その既経過利子に係る源泉徴収所得税の額を差し引いた金額により評価します。なお,普通預金や通常貯金についても既経過利子額が高額となる場合は,定期性の預貯金と同様に既経過利子を含めた金額を評価額することになります。

　預貯金を評価する際には,相続開始日の残高証明書を金融機関から入手する必要があります。残高証明書は申告書に添付する必要があるため,保管するようにしましょう。

(2) 公社債

　公社債とは，国や地方公共団体が発行する国債や地方債，事業会社などが資金調達をする際に発行する有価証券のことをいいます。

　公社債の評価方法は，利付公社債と割引公社債の２つに大きく分けることができます。いずれも，ⓐ金融商品取引所に上場されている公社債，ⓑ売買参考統計値が公表される銘柄として選定された公社債，ⓒその他の公社債の３つに分けることができます。

　まず利付公社債のうち，ⓐ金融商品取引所に上場されている利付公社債は，その時価が公表されているため，相続開始日の最終価格に既経過利息の金額を加算した金額により評価します。また，ⓑ売買参考統計値が公表される銘柄として選定された利付公社債も売買参考統計値がその都度公表されるため，相続開始日の平均価格に既経過利息の金額を加算した金額により評価します。いずれも既経過利息の金額を足した金額を加算するのは，利付公社債の市場価額は，通常利息を含まない価額で公表されているためです。

　一方で，ⓒその他の利付公社債については参考となる市場価額が存在しないため，発行価額に既経過利息の金額を加算した金額により評価します。

　次に割引公社債について説明します。割引公社債は額面金額より低い価格で発行する公社債のことをいいます。割引公社債は利付公社債のように定期的な利息の支払いはないため，既経過利息の金額を加算することはしません。よって，ⓐ金融商品取引所に上場されている割引公社債とⓑ売買参考統計値が公表される銘柄として選定された割引公社債については，それぞれ相続開始日の最終価格や相続開始日の平均価格が評価額となります。

　また，割引公社債は額面金額と発行価額との差額が利息相当額となるため，ⓒその他の割引公社債については，発行価額に額面金額と発行価額の差である利息相当額を加算した金額により評価します。

5　美術品の評価方法と必要書類

　被相続人が骨とう品や書画などの美術品を所有していた場合には，相続財産として評価をする必要があります。

　美術品についても財産評価基本通達により評価方法が定められていて，販売業者が所有する場合と販売業者以外が所有する場合の大きく2つに分けて評価方法が定められていますが，ここでは，通常の一般家庭において美術品を相続財産として取得する場合を想定して，販売業者以外が所有する場合の評価方法を説明します。

　販売業者以外が所有する場合の評価方法は，類似品の売買実例価額や精通者意見価格などを参考にして評価されます。なお，精通者意見価格とは，鑑定士などの専門家が算出した評価額のことです。

　たとえば，相続財産として取得した美術品と同様のものが1,000万円で取引されたとすると，その1,000万円が参考となりますし，その美術品を購入したときの価格を知っている場合には，その購入価格も評価をする際の参考となります。

6　差し引ける債務にはどのようなものがあるか

　相続税の計算上は，不動産や現預金，有価証券などの被相続人のプラスの財産から，借入金などのマイナスの財産を差し引いた後の財産価額に対して税金が課せられます。このとき，マイナスの財産であればプラスの財産から差し引くことができるかというと，必ずしもそうではありません。

　相続税法上，差し引くことのできるマイナスの財産は，「被相続人が死亡したときにあった債務で確実と認められるもの」とされていて，被相続人が亡くなった時点で支払うことが確定しているものに限られています。なお，葬式費用については，債務ではないものの相続財産から差し引くことができるとされています。

被相続人が亡くなった時点で支払うことが確定しているものには，たとえば金融機関からの借入金があります。生前に不動産を購入している場合には，金融機関から借入を行っていることがほとんどだと思いますが，この借入金を完済せずに亡くなった場合に，借入金の残額については差し引くことができます。また，被相続人が生前に入院していた場合の病院に対する未払医療費や，買掛金などの事業債務がある場合には，これらも被相続人が亡くなった時点で支払うことが確定しているものですので，差し引くことができます。

　さらに，被相続人に課される固定資産税や所得税などの税金で，相続人が納付することになった税金については，差し引くことができるマイナスの財産に含まれます。ただし，相続人等の責任に基づいて徴収されることになった延滞税や加算税等は，差し引くことはできません。

　一方で，債務ではあるが相続財産から差し引くことができないものには，団体信用生命保険付ローン（支払者である被相続人が亡くなったときに借入残についての支払義務がなくなるため）や，墓地や仏壇などの相続税がかからない財産の購入にかかわる未払金，被相続人が亡くなったあとにかかる費用である弁護士費用や税理士費用，名義変更にかかる費用が該当します。

　保証債務についても，被相続人が保証人となっている場合には，被相続人の債務ではなく債務の弁済が確実ではないため，相続財産から差し引くことができません。ただし，被相続人が保証をしている者が借金などを返せない状況にある場合において，その返せない金額については差し引くことができるマイナスの財産に含まれます。

7　葬儀費用として認められるもの，認められないもの

　葬式費用については，債務ではないものの相続財産から差し引くことができるとされています。ただし，すべての葬儀費用が相続財産から差し引くことができるわけではありません。

　相続財産から差し引くことのできる葬儀費用には，埋葬や火葬，納骨に係る

費用，遺体の捜索や，遺体や遺骨の運搬費用，密葬や本葬の費用のほか，通夜のために要した飲食費用が該当します。また，葬式の前後に生じた費用のうち通常必要と認められるものについてもこれに該当します。

一方で，香典返戻費用や遺体解剖費用，初七日や四十九日などの法要費用については相続財産から差し引くことはできません。なお，葬儀の形式や種類は地域や宗教によって形式はさまざまであり，本葬式の日に初七日を行うこともあります。この場合には，本葬式にかかわる費用として相続財産から差し引くことができる葬儀費用になることも考えられます。

8　税務調査はこうやって行われる

相続税の申告及び納付は，相続の開始があったことを知った日の翌日から10か月以内に行われます。基本的には相続税の申告及び納付を終えると相続に関してやるべきことが一通り完了するため，相続人は一息つくことができます。しかし，心が軽くなったちょうどその頃に，税務調査が行われることがあります。

税務調査とは，相続税の申告内容が正しいかどうかを確かめるために税務署職員が行う調査のことです。税務署の職員は相続税の申告書が提出されると，まずは職員自らで財産の内容を調査します。具体的には過去に提出された申告書の確認や，不動産情報の確認，金融機関に問い合わせをして申告されている預貯金に漏れがないかどうかといったなどの確認をします。この事前の調査において申告されていない相続財産がみつかった場合や，たとえば多額の借入をしているにもかかわらずそれに見合うだけの資産がない，亡くなる直前に大きな出金をしているなど申告漏れの可能性が高いと感じた場合などに，もう一歩踏み込んだ調査を行うため，税務署職員が相続人の自宅などを訪問して質問や書類のチェックを行うことがあります。

税務調査は相続税だけでなく法人税や所得税の申告に関しても行われますが，相続税の場合は，納税金額が一般的に高額になることや，申告すべき財産が漏

れるというケースが多いことから，法人税や所得税と比べて高い確率で税務調査が行われます。
　税務調査は，申告書提出後の半年から，2年以内に行われるのが一般的です。税務調査が行われる場合には原則として，税務署から納税者に対して事前に調査の日時や開始場所，調査期間の通知が行われます。期間は，通常2日間程度です。
　なお，申告した内容が正しければ調査官の質問に答え，資料の提出を求められたらそれに応じていれば，通常何事もなく税務調査は終わるため，税務調査が行われるからといって過度に心配する必要はありません。

5-3 相続税を計算するうえでの特例

　相続税を計算するうえで，相続人の個々の事情を考慮して相続税負担を軽減するためにいくつかの特例制度が設けられています。特例を適用することができれば，相続税額を軽減することができますので，適用できるか必ず検討することをお勧めします。

　ここでは，一般的な特例について説明します。

1　小規模宅地等の特例

　土地の評価額が上がれば上がるほど相続税の負担が大きくなりますので，相続税の負担が大きいことを理由に住み慣れた自宅を売却せざるを得ないといった事態や，個人事業や会社を経営している場合には，事業用に使用している土地を手放さざるを得ないといった事態に陥ることがあります。そこで，そういった事態を防ぐために小規模宅地等の特例制度が存在します。なお，土地の用途によって適用要件が異なりますので，用途別に内容を説明します。

(1) 特定居住用宅地等の特例

　特定居住用宅地等の特例は，被相続人が居住していた建物の敷地面積330㎡を上限に土地の評価を80％下げることができます。適用要件は，次のとおりです。相続人の立場によって，要件が変わります。

- 被相続人の配偶者が相続した場合（配偶者であればその他に要件はありません）
- 被相続人と同居していた子どもがその宅地を相続した場合には，相続税の申告期限までその宅地に居住し，所有していること
- 被相続人の配偶者又は同居の相続人がいない場合には，相続前3年間

- 本人又は本人の配偶者所有の家屋に居住したことがない親族が相続して，相続税の申告期限までその宅地を所有していること（なお，居住はしなくてもよい）
- 被相続人と生計を一にしていた親族が相続して，相続税の申告期限までその宅地に引き続き居住し，所有していること

これらの要件に該当する場合に，特例が適用できます。

(2) 特定事業用宅地等の特例

特定事業用宅地等の特例は，面積400㎡を上限に土地の評価を80％下げることができます。特定事業とは，小売業や製造業などの不動産貸付業以外の事業を指します。次の要件を満たせば，特例を適用することができます。

- 被相続人が事業をしていた宅地等で，その事業を被相続人が引き継ぎ，相続税の申告期限までその事業を営んでおり，その宅地等を所有していること
- 被相続人と生計を一にしていた被相続人の親族の事業の用に供されていた宅地等で，相続税の申告までその事業を営んでおり，その宅地を所有していること

(3) 特定同族会社事業用宅地等の特例

特定同族会社事業用宅地等の特例は，面積400㎡を上限に土地の評価を80％下げることができます。(2)と同様に小売業や製造業などの不動産貸付以外の事業に限られます。

適用要件は，被相続人と被相続人の親族が出資者として構成する同族会社の事業の用に供されていた宅地等であって，相続税の申告期限まで被相続人又は被相続人の親族等がその法人の役員であり，その宅地等を相続税の申告期限までに所有していれば，特例を適用することができます。

(4) 貸付事業用宅地等の特例

貸付事業用宅地等の特例は、面積200㎡を上限に土地の評価を50％下げることができます。貸付事業とは、貸家・アパート・駐車場などの不動産貸付事業を指します。被相続人が貸付事業をしていた宅地等を引き継ぎ、相続税の申告期限までその貸付事業を行い、所有していることを要件にこの特例を適用することができます。

(1)～(4)の小規模宅地等の特例をまとめると、次の表のとおりとなります。

土地の用途	特　　例	上限面積	軽減割合
自宅などの居住用	(1)　特定居住用宅地等	330㎡	80％
不動産賃貸業以外の事業	(2)　特定事業用宅地等の特例 (3)　特定同族会社事業用宅地等の特例	400㎡	80％
不動産貸付業	(4)　貸付事業用宅地等の特例	200㎡	50％

なお、特定居住用宅地等の特例については、改正により平成30年4月以降の相続から要件が以前よりも厳しくなります。持ち家に居住していない者については、次の場合に特例の対象から除外されることになります。

- 相続開始前3年以内に、その者の3等身内の親族又はその者と特別の関係のある法人が所有する国内にある家屋に居住したことがある者
- 相続開始時において居住の用に供していた家屋を過去に所有していたことがある者

従前の要件では、意図的に持ち家がない状態にして特例の要件を満たし、相続税を低く抑えることが可能でしたが、そのような相続税逃れを防ぐために適用要件が厳しくなりました。

また、小規模宅地等の特例は、相続税の申告期限までに遺産分割が終わっていることが要件となっています。しかしながら、申告期限までに遺産分割協議が終わらないこともあります。遺産分割協議が終わらず期限内で相続税申告ができない場合には「申告期限後3年以内の分割見込書」を税務署に提出し、当初の申告は特例適用前の評価額で納税します。その後、3年以内に遺産分割協

議をまとめ，3年以内に更正の請求（正しい税額に修正すること）をすれば，特例を適用して軽減された税金を還付してもらうことができます。なお，裁判（調停）などによって3年以内に遺産分割協議がまとまらない場合には，3年を経過する日の翌日から1か月以内に税務署に申し出てみましょう。税務署長の承認を受けることができれば，期限の延長が認められています。

2　配偶者の税額軽減

　配偶者の税額軽減とは，被相続人の配偶者の税額負担を大きく軽減する制度です。配偶者が取得する財産の課税価格が次の金額のいずれか多い方の金額の範囲内であれば，相続税がかかりません。

(1) 配偶者の法定相続分相当額
(2) 1億6,000万円

　たとえば，配偶者の法定相続分相当額が3億円の場合は，3億円まで相続税がかかりません。また，配偶者の相続が法定相続分を超えていても，1億6,000万円までは相続税がかからないことになります。
　このように，配偶者は相続税がかなり優遇されているため，配偶者が多く相続財産を引き継ぐことがあります。ただし，その後多くの相続財産を所有したまま配偶者も亡くなってしまい，その子どもが相続することになった場合は，一度に多くの財産を相続するため，かえって相続税が増えてしまうということもあります。二次相続の問題が後々出てきますので，配偶者の税額軽減がたとえ使えるとしても，その次に相続する子どものことも考えて財産を分けるようにしましょう。
　なお，配偶者の税額軽減の特例に婚姻期間の条件はありませんが，原則として申告期限後3年以内に遺産分割協議が完了して，不備のない相続税の申告書を提出していることが要件とされています。そのため，未分割で申告した場合には3年以内に財産を分割するようにしましょう。

遺産分割協議が終わらず期限内で相続税申告ができない場合には、「申告期限後3年以内の分割見込書」を税務署に提出し、3年以内に遺産分割協議をまとめるようにする点は、小規模宅地等の特例と同様です。

3　死亡保険金と退職金には非課税枠がある

被相続人が亡くなって保険会社や会社から相続人へ支払われることになった死亡保険金や死亡退職金については、もともと被相続人が所有していた財産ではありませんが、相続財産とみなされる「みなし財産」として相続税が課税されます。しかしながら、死亡保険金、死亡退職金については、もともと遺族の生活を保障するために支給される性質のものですので、一定金額までであれば相続税が軽減される仕組みになっていて、「500万円×法定相続人の数」までの非課税枠を適用することができます。

たとえば、法定相続人が妻と子ども2人の場合には、500万円×3＝1,500万円となりますので、1,500万円までの死亡保険金・退職金であれば非課税で相続税がかかりません。

なお、みなし財産とされる死亡退職金は、被相続人の死亡後3年以内に支給が確定されたものに限られます。仮に、3年を超えた後に支払われたものは、一時所得として退職金を受け取った相続人に対して所得税が課税されることになります。

4　未成年者控除

相続人が未成年者である場合に認められている「未成年者控除」という税額控除があります。これは、未成年者である相続人が成人になるまでにかかる養育費や生活費などの負担が大きいことから、相続税を軽減するために税額控除の制度が設けられています。未成年者であるかどうかの判定は、相続開始時の相続人の年齢によって決められます。また、相続人の年齢によって控除額の割

合が変わります。次の計算式のとおり、年齢が低ければ低いほど、税額控除の金額が大きくなります。もしも年数の計算で端数が生じた場合には、その端数を切り上げます。

未成年者控除の控除額＝10万円×（20歳－相続開始時の年齢）

未成年者控除の控除額が、その未成年者の相続税より多かった場合には、その上回った分の控除額を、未成年者の扶養義務者の相続税から差し引くことができます。なお、扶養義務者とは民法上の定めがあり、血縁関係や婚姻関係があるかどうかで決まります。扶養義務者が複数いる場合には、その上回った金額をどのようにいくらで配分するかを扶養義務者同士で協議して決定します。

納める相続税から未成年者控除を差し引いてもなお、差し引けなかった控除不足額がある場合には、本人又は扶養義務者が２回目以降の相続で、控除不足額分の控除を受けることができます。

5　障害者控除

心身障害のある相続人については、ハンディキャップのある期間の生活費などの負担が大きいことから、相続税を軽減するために税額控除の制度が設けられています。相続開始時の相続人の年齢や特別障害者かどうかによって、控除額の割合が変わります。年齢の条件があり、85歳未満に限られます。控除額の計算式は、次のとおりです。

障害者控除の控除額＝10万円※×（85歳－相続開始時の年齢）

※　障害の大小により種類が「一般障害者」と「特別障害者」の２つあります。特別障害者の方が障害の程度が重いために控除額も大きくなります。一般障害者の場合は10万円、特別障害者の場合は20万円となります。

計算式のとおり、相続人の年齢が若いほど控除額が大きくなります。これは年齢が若いほど相続後の生活期間が長くその分生活費などの負担が大きいため、

相続税が軽減されるようになっています。未成年者控除と同様で，もしも年数の計算で端数が生じた場合にはその端数を切り上げます。また，障害者の控除額が，その障害者の相続税よりも多かった場合には，その上回った分の控除額を，障害者の扶養義務者の相続税から差し引くことができます。また，差し引きれなかった控除不足額がある場合には，本人又は扶養義務者が２回目以降の相続で，控除不足額分の控除を受けることができる点も，未成年者控除と同じです。

5-4 相続税の納付手続

相続税の納付は，原則として相続の開始があったことを知った日の翌日から10か月以内にする必要があります。この時の納付方法は現金で一括して支払うことが基本となります。しかし，現金で一括納付することが難しい場合には，その納付を遅らせたり，相続財産そのものを納税に充当したりすることも認められることがあります。

また，相続税の納付を期限内までにできなかった場合には，ペナルティを課されることもあり，注意が必要です。

1　原則は現金一括納付

相続税の納付は，相続開始日から10か月以内に行うことが原則です。つまり，申告書の提出期限までに納付をしなければなりません。このとき，申告した納付税額を原則として現金で一括して納付する必要があります。

なお，申告書を期限内に提出した場合だけでなく，期限後に申告をする場合や修正申告を行う場合においても，申告書を提出する日までに現金で一括納付することが原則です。

また，相続税額の計算は相続財産を取得した相続人ごとにされるため，相続税の納付も相続人それぞれで行う必要があります。納付は，金融機関や郵便局の窓口，所轄税務署で行うことができます。このとき現金と併せて納付書の提出が求められます。納付書には納税者の住所や氏名，税額などを記入します。相続財産を取得した相続人が複数人いる場合には，それぞれが納付書を作成したうえで現金により納付することになります。

2　納付ができないとペナルティが課される

　相続税の納付を期限までに行わなかった場合には，ペナルティが課されるため注意が必要です。具体的にはペナルティとして延滞税という税金を追加で納める必要があります。

　延滞税の額は，納付の期限日から実際に納付する日までの日数に応じて，未納となっている税額に一定の割合を乗じて計算されます。一定の割合については，納付の期限後2か月以内は「年7.3％」もしくは「特例基準割合に年1％を加算した割合」のいずれか低い割合が適用され，納付の期限後2か月を超える期間は「年14.6％」もしくは「特例基準割合に年7.3％を加算した割合」のいずれか低い割合が適用されます。なお，特例基準割合は，前年の12月15日までに財務大臣が告示する割合に年1％を加算した割合のことをいい，官報により告示されます。平成30年1月1日から平成30年12月31日までの期間の特例基準割合は，1.6％です。

　この延滞税の計算方法からもわかるように，未納となる期間が長期になるほど延滞税は高くなります。また，乗じる割合は通常の金利にかかる割合よりも高い水準となっているため，延滞税を払うのは避けたいものです。

　さらに，相続税を納付すべき相続人が複数人いる場合において，自分は期限内に相続税の納付を終わったからと安心していても，他の相続人が納付の期限までに納付すべき税額を支払っていない場合には，自分も連帯納税義務者として相続税を支払わなければならなくなることがあります。このときに負担するペナルティは4.3％の利子税となっており，相続税額が大きい場合にはこの利子税はかなり高額となります。そのため，自分の分の相続税の納付を提出期限までに終わっても，他の相続人の納付が終わったことについても確認する必要があります。

3　納税資金はどうやって作ればよいか

　相続税の計算は相続財産を取得した相続人ごとに行われ，それぞれの相続人の納付すべき相続税額は，相続財産の割合に応じて計算されます。通常は，相続税額は相続財産のなかから支払うことになるため，相続財産のなかで現金や預金が多い場合や，国債や上場株式といった市場で換金のしやすい資産を多く相続した場合には，その財産をもとに相続税の納税ができることから，納税資金について困るようなことはありません。

　一方で，相続財産のなかで不動産の占める割合が多い場合には，不動産はすぐに換金することが難しいため，もともとその相続人が現預金や容易に換金できる資産を所有していない場合には，納税資金を確保することが困難になることがあります。相続した不動産を売却しようと思っても，すぐに売却できるとは限らないため納付の期限までに不動産の売却ができない場合には期限までに納付をすることができなくなるかもしれません。そのようなことが起こらないようにするためには，相続の手続を早めに済ませ，納税資金を確保できそうにない場合でも，納付期限までに納税資金を確保するための時間的な余裕を作ることが大切です。また，相続人間で遺産分割協議を行う際に納税のことまで考えておくとよいでしょう。

　その他，死亡保険金を納税資金に充てることもよくあります。死亡保険金には相続税の非課税枠（500万円×法定相続人の数）があるため，納税資金として現金を確保するよりも生命保険の形で納税資金を準備したほうがよいケースもあります。

　また，被相続人が亡くなる日まで会社に所属していた場合に死亡退職金が相続人に支払われることがありますが，この死亡退職金も納税資金に充てることができます。

　さらに，後で説明する延納や物納の方法による納税も，納税資金を確保することための1つの手段として使われています。

4 申告額を誤ってしまったら

相続税を誤って申告してしまうことは珍しくありません。この場合には，どのような手続が必要になるのでしょう。

(1) 誤って少なく申告した場合

相続税を申告した後になって，相続人が把握していなかった財産が新たに見つかったり，あるいは計算の誤りで正しい申告額よりも少ない額で申告したことに気がついたりした場合には，正しい申告及び納税になるように修正する手続を税務署で行うことになります。これを修正申告といいます。

修正申告をする場合には，正しい金額に修正した申告書を提出する必要があります。このときに，足りなかった分を支払います。最初に申告書を提出してすぐに誤りに気づき，自ら自発的に修正申告を行った場合には，ペナルティが課されることはありませんが，税務調査で納税額が不足していることを指摘され，不足していることについて正当な理由がない場合には，原則として10％の過少申告加算税と，納付を遅れた期間に対する利息にあたる延滞税を支払わなければなりません。

(2) 誤って多く申告した場合

一方で，相続税を申告した後になって，計算方法を誤っていたなどの理由で正しい申告額よりも多く税金を納めてしまっていたことに気がついた場合には，税務署に対して納めすぎた額を返してもらえるように請求をすることができます。これを更正の請求といいます。

更正の請求は申告期限から5年以内に限り行うことができます。たとえば，申告期限までに遺産分割協議がまとまらず未分割のまま申告していた財産について分割することが決まった場合には，更正の請求が行われ納めすぎた税金を返してもらいます。

5　延納手続のすすめ方

　相続税は，現金で一括で納付することが原則です。しかし，相続した財産のほとんどが不動産や非上場有価証券などすぐに換金することが難しい財産を多く取得することもあるため，期限までに現金で一括で納付することができないことがあります。

　そこで，一括納付することが困難で，一定の要件を満たす場合には，相続税を分割で払うことが認められます。これを延納といいます。

　延納は申請をすれば誰でも認められるわけではなく，次のすべての要件を満たす必要があります。

- 相続税額が10万円を超えること
- 金銭で納付することが困難であること
- 延滞税及び利子税の額に相当する担保を提供すること。ただし，延滞税額が100万円以下でかつ，延納期間が３年以下である場合には担保を提供する必要はありません
- 延納申請期限（相続の開始があったことを知った日の翌日から10か月以内）までに，延納申請書に担保提供関係書類を添付して税務署長に提出すること

　また，担保として提供する資産は相続財産だけでなく，相続人がもともと所有していた財産や第三者の財産でも問題ありませんが，その財産の種類は，次のようなものに限られています。

- 国債及び地方債
- 社債その他の有価証券で税務署長が確実と認めるもの
- 土地
- 建物，立木，登記される船舶などで，保険に附したもの
- 鉄道財団，工場財団など

- 税務署長が確実と認める保証人の保証

　このように，担保として提供することのできる財産は，価格変動が少なく現金化しやすいものとなっています。一方で，売却できる見込みのない財産や相続人同士で所有権を争っている財産などは担保として不適格とされています。

　延納の期間は原則として5年となっていますが，相続財産に占める不動産価額の割合が大きい場合には，最長20年まで認められることもあります。ただし，延納をすることにより一度に多額の相続税を支払うことを免れることはできますが，延納の期間中は利子税がかかるため，注意しましょう。

　延納の申請手続は，延納申請書に担保提供関係書類を添付して税務署長に提出することで進められます。具体的には，次のような書類の提出が必要です。

- 延納申請書
- 金銭で納付することが困難な理由を記載した理由書
- 担保目録及び担保提供書など
- 不動産や減価償却資産などの明細書
- 担保提供関係書類（登記事項証明書や固定資産税評価証明書など）

　このように，延納の申請手続の際にはさまざまな書類の提出が必要となるため，延納の手続はかなり労力のかかるものとなります。

　担保関係書類について，延納申請書とともに延納申請期限までに提出することができない場合には，申請期限までに担保提供関係書類提出期限延長申請書を提出することにより，提出期限を延長することが可能となります。

　延納申請書が提出されると，税務署はその延納に関する要件を満たしているかなどの確認をし，延納申請期限から3か月以内に許可又は却下することが基本ですが，担保の財産が多い場合などの状況によっては許可又は却下までの期間が6か月まで延長されることがあります。

＜延滞期間と利子税の割合＞

区　　分		延納期間（最高）	延納利子税割合（年割合）	特例割合※
不動産等の割合が75％以上の場合	① 動産等に係る延納相続税額	10年	5.40％	1.10％
	② 不動産等に係る延納相続税額（③を除く）	20年	3.60％	0.70％
	③ 計画伐採立木の割合が20％以上の場合の計画伐採立木に係る延納相続税額	20年	1.20％	0.20％
不動産等の割合が50％以上75％未満の場合	④ 動産等に係る延納相続税額	10年	5.40％	1.10％
	⑤ 不動産等に係る延納相続税額（⑥を除く）	15年	3.60％	0.70％
	⑥ 計画伐採立木の割合が20％以上の場合の計画伐採立木に係る延納相続税額	20年	1.20％	0.20％
不動産等の割合が50％未満の場合	⑦ 一般の延納相続税額（⑧，⑨及び⑩を除く）	5年	6.00％	1.30％
	⑧ 立木の割合が30％を超える場合の立木に係る延納相続税額（⑩を除く）	5年	4.80％	1.10％
	⑨ 特別緑地保全地区等内の土地に係る延納相続税	5年	4.20％	0.90％
	⑩ 計画伐採立木の割合が20％以上の場合の計画伐採立木に係る延納相続税額	5年	1.20％	0.20％

※　「特例割合」は，平成30年1月1日現在の「延納特例基準割合」1.6％で計算している。

＜延納申請書①＞

相続税延納申請書

税務署収受印

税務署長殿　　（〒　　）

平成　年　月　日

住所 ＿＿＿＿＿＿＿＿＿＿＿
フリガナ
氏名 ＿＿＿＿＿＿＿＿＿＿＿ ㊞
法人番号 ☐☐☐☐☐☐☐☐☐
職業＿＿＿＿＿　電話＿＿＿＿＿

下記のとおり相続税の延納を申請します。

記

1　延納申請税額

		円
①	納付すべき相続税額	
②	①のうち物納申請税額	
③	①のうち納税猶予をする税額	
④	差引（①－②－③）	
⑤	④のうち現金で納付する税額	
⑥	延納申請税額（④－⑤）	

2　金銭で納付することを困難とする理由

別紙「金銭納付を困難とする理由書」のとおり。

3　不動産等の割合

区分		課税相続財産の価額 ③の税額がある場合には農業投資価格等によります。	割合
割合の判定	立木の価額	⑦	⑩ (⑦／⑨)（端数処理不要） 0.
	不動産等（⑦を含む。）の価額	⑧	⑪ (⑧／⑨)（端数処理不要） 0.
	全体の課税相続財産の価額	⑨	
割合の計算	立木の価額	⑫（千円未満の端数切捨て）　　　　,000	⑮（小数点第三位未満切上げ）(⑫／⑭)
	不動産等（⑦を含む。）の価額	⑬（千円未満の端数切捨て）　　　　,000	⑯（小数点第三位未満切上げ）(⑬／⑭)
	全体の課税相続財産の価額	⑭（千円未満の端数切捨て）　　　　,000	

4　延納申請税額の内訳　　　　　　　　　　　　　　　　**5　延納申請年数**　**6　利子税の割合**

不動産等の割合（⑪）が75％以上の場合	不動産等に係る延納相続税額	④×⑯と⑥とのいずれか少ない方の金額	⑰ (100円未満端数切り上げ) 00	（最高）20年以内	3.6
	動産等に係る延納相続税額	(⑥－⑰)	⑱	（最高）10年以内	5.4
不動産等の割合（⑪）が50％以上75％未満の場合	不動産等に係る延納相続税額	④×⑯と⑥とのいずれか少ない方の金額	⑲ (100円未満端数切り上げ) 00	（最高）15年以内	3.6
	動産等に係る延納相続税額	(⑥－⑲)	⑳	（最高）10年以内	5.4
不動産等の割合（⑪）が50％未満の場合	立木に係る延納相続税額	④×⑮と⑥とのいずれか少ない方の金額	㉑ (100円未満端数切り上げ) 00	（最高）5年以内	4.8
	その他の財産に係る延納相続税額	(⑥－㉑)	㉒	（最高）5年以内	6.0

7　不動産等の財産の明細　　　別紙不動産等の財産の明細書のとおり
8　担保　　　　　　　　　　別紙目録のとおり

作成税理士署名押印　事務所所在地　電話番号

㊞

税務署整理欄	郵送等年月日 平成　年　月　日	担当者印

第5章　相続税の申告手続

<延納申請書②>

9 分納税額、分納期限及び分納税額の計算の明細

期間	分納期限	延納相続税額の分納税額		分納税額計
		不動産等又は立木に係る税額 (⑰÷「5」欄の年数)、 (⑲÷「5」欄の年数)又は (㉑÷「5」欄の年数)	動産等又はその他の財産に係る税額 (⑱÷「5」欄の年数)、 (⑳÷「5」欄の年数)又は (㉒÷「5」欄の年数)	(㉓+㉕)
第1回	平成 年 月 日	円	円	円
第2回	年 月 日	,000	,000	,000
第3回	年 月 日	,000	,000	,000
第4回	年 月 日	,000	,000	,000
第5回	年 月 日	,000	,000	,000
第6回	年 月 日	,000	,000	,000
第7回	年 月 日	,000	,000	,000
第8回	年 月 日	,000	,000	,000
第9回	年 月 日	,000	,000	,000
第10回	年 月 日	,000	,000	,000
第11回	年 月 日	,000		,000
第12回	年 月 日	,000		,000
第13回	年 月 日	,000		,000
第14回	年 月 日	,000		,000
第15回	年 月 日	,000		,000
第16回	年 月 日	,000		,000
第17回	年 月 日	,000		,000
第18回	年 月 日	,000		,000
第19回	年 月 日	,000		,000
第20回	年 月 日	,000		,000
計		(⑰、⑲又は㉑の金額)	(⑱、⑳又は㉒の金額)	(⑥の金額)

10 その他参考事項

右の欄の該当の箇所を○で囲み住所氏名及び年月日を記入してください。	被相続人、遺贈者	(住所)	
		(氏名)	
	相続開始遺贈年月日	平成 年 月 日	
	申告(期限内、期限後、修正)、更正、決定年月日	平成 年 月 日	
	納 期 限	平成 年 月 日	
物納申請の却下に係る延納申請である場合は、当該却下に係る「相続税物納却下通知書」の日付及び番号		第 号 平成 年 月 日	

＜物納申請書＞

相続税物納申請書

税務署長殿
平成　年　月　日

（〒　　－　　）
住所
フリガナ
氏名　　　　　　　　　　　　　㊞
法人番号　｜　｜　｜　｜　｜　｜　｜　｜　｜　｜　｜　｜
職業　　　　　　　　電話

下記のとおり相続税の物納を申請します。

記

1　物納申請税額

① 相　続　税　額	円
同上のうち ②現金で納付する税額	
③延納を求めようとする税額	
④納税猶予を受ける税額	
⑤物納を求めようとする税額（①－（②＋③＋④））	

2　延納によっても金銭で納付することを困難とする理由

（物納ができるのは、延納によっても金銭で納付することが困難な範囲に限ります。）

別紙「金銭納付を困難とする理由書」のとおり。

3　物納に充てようとする財産

別紙目録のとおり。

4　物納財産の順位によらない場合等の事由

別紙「物納劣後財産等を物納に充てる理由書」のとおり。

※　該当がない場合は、二重線で抹消してください。

5　その他参考事項

右の欄の該当の箇所を○で囲み住所氏名及び年月日を記入してください。	被相続人、遺贈者	（住所）		
		（氏名）		
	相　続　開　始　・　遺　贈　年　月　日	平成　年　月　日		
	申告（期限内、期限後、修正）、更正、決定年月日	平成　年　月　日		
	納　　期　　限	平成　年　月　日		
納税地の指定を受けた場合のその指定された納税地				
物納申請の却下に係る再申請である場合は、当該却下に係る「相続税物納却下通知書」の日付及び番号		第　　　　号 平成　年　月　日		

税務署整理欄	郵送等年月日	担当者印
	平成　年　月　日	

（作成税理士　事務所所在地　署名押印　電話番号）

6　物納手続のすすめ方

　相続税は現金で一括納付することが原則ですが，それが困難な場合には分割で支払う延納が認められます。しかし，延納によっても相続税を支払うことができないことも考えられます。この場合には，相続財産である不動産や有価証券などの「モノ」を納付期限までに納める方法によることが認められることがあります。これを物納といいます。

　物納をする財産はどんなものでもよいわけではなく，相続税がかかった財産のうち日本国内にあるものに限られています。また，物納ができる財産は優先順位が決まっていて，次のようになっています。

＜物納できる財産と順位＞

順位	物納に充てることのできる財産の種類
第1順位	① 不動産，船舶，国債証券，地方債証券，上場株式等※1 ※1　特別の法律により法人の発行する債券及び出資証券を含み，短期社債等を除く。
	② 不動産及び上場株式のうち物納劣後財産に該当するもの
第2順位	③ 非上場株式等※2 ※2　特別の法律により法人の発行する債券及び出資証券を含み，短期社債等を除く。
	④ 非上場株式のうち物納劣後財産に該当するもの
第3順位	⑤ 動産

　たとえば，第三順位に該当する商品などの動産を物納したいと思っても，取得した相続財産に第一順位に該当する国債があった場合には，まずは第一順位の財産が優先されます。また，その財産は，国が国有財産として管理や処分に適した財産でないといけません。そのため，たとえば境界線が明らかでない土地や，耐用年数が経過している建物については，物納には不適格な財産とされています。

　物納財産を国が引き取る際の価額は，相続税額の計算の基礎となったその財産の価額（相続税評価額）をもとに算定されます。ただし，物納財産を国が引

き取るまでに土地の地目の変更があったり建物が半壊したりした場合など，物納財産に著しい変化があった場合には，収納価額は改訂されることがあります。

　物納の申請手続は，物納申請期限（相続の開始があったことを知った日の翌日から10か月以内まで）までに物納申請書に物納手続関係書類を添付して提出する必要があります。物納申請期限までに物納関係書類を提出することができない場合には，物納手続関係書類提出期限延長届出書を提出することにより，提出期限を延長することができます。

　延納申請書が提出されると，税務署は物納に関する要件を満たしているかなどの確認をします。なお，不動産を物納する場合には，その不動産が物納財産として適しているかどうか相続人立会のもとで調査が行われることがあります。基本的には，物納申請期限から3か月以内に許可又は却下されます。

【著者紹介】

五十嵐　明彦（いがらし　あきひこ）

公認会計士・税理士・社会保険労務士。1996年に公認会計士試験に合格。大学在学中から監査法人トーマツ（現　有限責任監査法人トーマツ）に勤務し，国内企業の監査に携わる。2001年には，明治大学特別招聘教授に。現在は，税理士法人タックス・アイズの代表社員として相続税などの資産税業務や法人に対する税務業務を中心に幅広い仕事を行う。

主な著書に『うまくいく生前贈与』（税務経理協会），『子どもに迷惑かけたくなければ相続の準備は自分でしなさい』（ディスカヴァー・トゥエンティワン），『相続破産　危ない相続税対策，損する遺産』（朝日新聞出版）などがある。

德光　啓子（とくみつ　けいこ）

公認会計士。2009年に公認会計士試験に合格。その後有限責任あずさ監査法人に勤務し，国内企業の監査に携わる。

現在は，税理士法人タックス・アイズに勤務し，企業の各種税務申告業務や会計・税務コンサルティングを行う。2017年には茨城大学の非常勤講師を務める。

国吉　大陸（くによし　たいりく）

公認会計士。2013年に公認会計士試験に合格。大学在学中から新日本有限責任監査法人に勤務し，主に金融機関の会計監査に携わる。2017年から税理士法人タックス・アイズに勤務し各種税務業務を行う。

高校時代には興南高校（沖縄県）で4季連続甲子園に出場，高校3年時に甲子園春夏連覇という異色のキャリアを有している。

著者との契約により検印省略

平成30年9月1日　初版第1刷発行	うまくいく 相続手続のすすめ方

	税理士法人タックス・アイズ
	五十嵐　明　彦
著　者	德　光　啓　子
	国　吉　大　陸
発行者	大　坪　克　行
印刷所	税経印刷株式会社
製本所	牧製本印刷株式会社

発行所	〒161-0033 東京都新宿区 下落合2丁目5番13号	株式 会社	税務経理協会
	振　替 00190-2-187408	電話	(03)3953-3301（編集部）
	ＦＡＸ (03)3565-3391		(03)3953-3325（営業部）
	URL　http://www.zeikei.co.jp/		
	乱丁・落丁の場合は，お取替えいたします。		

© 税理士法人タックス・アイズ 2018　　　　　　Printed in Japan

本書の無断複写は著作権法上での例外を除き禁じられています。複写される場合は，そのつど事前に，（社）出版者著作権管理機構（電話 03-3513-6969，FAX 03-3513-6979，e-mail : info@jcopy.or.jp）の許諾を得てください。

JCOPY ＜（社）出版者著作権管理機構 委託出版物＞

ISBN978-4-419-06547-8　C3034